人間関係形成能力 を育てる

学級経営

365日 ガイドブック 3年

赤坂真二 著
松下 崇

明治図書

シリーズ発刊に寄せて

　これは学級づくりのマニュアル本でも教室の人間関係づくりのハウトゥ本でもありません。子どもの人間関係形成能力を育成するためのガイドブックです。

　今なぜ人間関係形成能力なのでしょうか。人間関係形成能力は，人とのつながりや信頼関係を構築する能力のことといわれます。コロナ禍で一般社会では，テレワークが導入される中で，これまで以上に人と人のコミュニケーション不足や，コミュニケーションの取り方について考えさせられた人たちが多くいたことでしょう。それは学校現場でも同じだったのではないでしょうか。

　人間関係形成能力は，学習指導要領が改訂されて，対話，協働と盛んにいわれるようになって注目の度合いが増しました。多様な他者の考えや立場を理解し，相手の意見を聴いて自分の考えを正確に伝えることができるとともに，自分の置かれている状況を受け止め，役割を果たしつつ他者と協力・協働して社会に参画し，今後の社会を積極的に形成することができる，こうした能力が社会で求められるようになってきているからです。

　優秀なビジネスパーソンの共通点として，対人関係能力，人間関係構築力が優れていることも挙げられます。良好な人間関係を築くことでビジネスもうまくいきます。現代はチーム力の時代といわれます。人間関係が良好であればコミュニケーションが活発となり，情報も多く共有できるでしょう。ビジネスパーソンと表現すると，大手企業のエリート社員のことだと誤解されるかもしれませんが，広く会社員，個人事業主，フリーランスの方々を含みます。ビジネスに関わる方々が口を揃えて言うことは，「仕事はご縁でやってくる」ということです。

クライアントや顧客との信頼関係を築くためにも，人間関係形成能力が活かされます。彼らの状況を良く理解して話を聞くことができれば，相手のニーズに合わせることができるでしょう。困った時などにもきちんと対応することができ，信頼性が高まります。信頼関係を築くことで，彼らと深く継続的につながることができ，多くのクライアントや顧客を得ることができるようにもなるでしょう。

　もちろん，子どもたち全てがビジネスパーソンになるわけではありませんが，豊かな人間関係が幸せをもたらすことに対して疑念を抱く人はそう多くはないのではないでしょうか。豊かな人間関係を築く力は，生きる力であり，私たちが幸せになるための必須条件と言えるでしょう。愛する子どもたちの幸せになる力の育成に寄与できるだけでなく，本シリーズにはもう一つ大きなメリットがあります。

　人間関係形成能力は，単なるつながるスキルを身に付ければいいというものではありません。愛を伝えるスキルを学んでも，そこに愛がなかったら愛は伝わりません。同様に，スキルをホンモノにするためには，根底の考え方が伴っていることが必要です。本シリーズには，なぜそれをすると人間関係形成能力が身に付くのかという基本的な考え方も示されています。それを知ることで，指導する教師自身も幸せな生き方を学ぶことができます。

　だから，「私，ちょっと人間関係苦手かも」と感じている方こそ，手にとって実践することで，子どもたちと共につながり上手になっていくことができるでしょう。だからこその365日なのです。人間関係形成能力は1日にしてならず，なのです。本シリーズを小脇に抱えて，試行錯誤を繰り返してみてください。きっと，本シリーズは心強い学級経営の伴走者になってくれるはずです。

　クラスの安定は，子どもたちのつながりの質と量によって決まります。他者とつながる力を付けた子どもが増えれば増えるほど，学級は安定するので

す。しかし，クラスには，様々な事情で人とつながるのが苦手な子がいます。いいのです。みんなみんな同じ能力をもつ必要はありません。また，教師がしゃかりきになって，その子と他の子をつなげようとしなくてもかまいません。つながる力をもつ子が多くなれば，誰かがつながってくれます。教師はその様子を見付けて，にっこり微笑んで喜ぶことで，子どもたちはつながることの価値を学ぶことでしょう。

　そうした意味で，本シリーズはこれまでの，教師が子どもをつなげてまとめようとするクラスづくりから，子どもたちのつながる力を育てることによって学びやすく居心地のいいクラスづくりへと発想の転換を促す「挑戦の書」でもあります。

　本シリーズは３章構成になっています。第１章は，日本人の幸福感とつながりの関係を国際調査の結果等を踏まえながら，人間関係形成能力の育成の必要性を考察します。驚くようなというか日本人として心配になるような結果が示されています。第２章は，各学年を担当する執筆者たちの人間関係形成能力をどう捉え，どのように育成していくのかという基本的な考え方が示されています。第３章は，その考え方に基づく１年間にわたる実践です。すぐに実践編を読みたくなると思います。とても力強い実践群です。しかし，それを本質的に理解するためには，第２章を必ずお読みいただければと思います。

　各学年を担当するのは，１年生，北森恵氏，２年生，岡田順子氏，３年生，松下崇氏，４年生，深井正道氏，５年生，宇野弘恵氏，６年生，髙橋朋彦氏です。勉強なさっている方なら，彼らのお名前をどこかでお聞きになったことがあるのではないでしょうか。お気付きになっている方もいるかもしれませんが，2022年３月に発刊した『個別最適な学び×協働的な学びを実現する学級経営』の執筆メンバーです。この書籍は，私がメンバーにインタビューし，それをまとめたものですが，頁数の関係でかなりの内容を泣く泣くカッ

トしました。そこでぜひ，この素晴らしい実践を，時系列で年間を通じた形でお伝えしたいと思い本シリーズが実現しました。

北森恵氏は，これまで多くの崩壊したクラスを立て直してきました。現在の勤務校では，UDL（Universal Design for Learning）を実践し，校内を巻きこんで個別最適な学びと協働的な学びの実現に尽力中です。

岡田順子氏は，大学院で協同学習における対人技能学習の効果を研究しました。前任校の新潟大学附属長岡小学校勤務時には，いくつもの学級経営の講座を担当し，学級経営に関する情報発信をしてきました。

松下崇氏は，若い頃から教育サークルを立ち上げ，仲間と共に力量を高めることに邁進してきました。なかなか共有の難しい自治的集団の育成ですが，長年の探究に基づく発信で注目されています。

深井正道氏は，30代前半で都心部の学校の研究主任に抜擢され，学級活動と教科指導を連動させた独自の研究を進めてきました。保護者，地域を巻きこみ子どもの自尊感情を高めた研究は高く評価されました。

宇野弘恵氏は，数多くの書を発刊しているので多くの方がお名前をご存知でしょう。ご自身では感覚的と言いますが，その実に緻密で周到な学級経営，授業づくりは，著書の読者や講座の参加者を唸らせています。

髙橋朋彦氏も，明治図書の『ちょこっと』シリーズや算数の指導に関する書籍でよく知られています。明快な文章で繰り出される本質を突いた提言は，これまで積み重ねてきた圧倒的な勉強量を感じさせます。

原稿執筆段階では，SNSで執筆者グループを作り，原稿がアップされる度に拝読していました。どれもこれも濃密かつ秀逸で，一刻も早く皆さんにお届けしたいと思うものばかりでした。是非，本シリーズを活用され，子どもたちの人間関係形成能力の育成に役立てていただきたいと思っております。

2024年3月　赤坂真二

まえがき

　教師に成り立ての頃，私は学級で人間関係を作るという視点を持ち合わせていませんでした。目の回るようなスピードで過ぎ去る日々にただただ振り回されていたので，子どもたちがうまく行動できないことがたくさんありました。子どもにきちんと指導できない自分を責め，そして落ち込むような毎日だったように思います。

　少したってから，学級経営において教師と子ども，子ども同士のよりよい人間関係を形成することがその中心的な内容であることを知った私は，自分なりに学びを深め，そして実践するようになりました。すると，それまでとは違う子どもたちの姿が見られるようになりました。自分を責めただ落ち込む毎日から，うまくいかなかったことをもとにこれからどうしていこうかと考え，また実践するようになりました。

　うまくいかないこともももちろんありましたが，その度に子どもたちから教わり，保護者の方々や同僚に支えられ，少しずつ教師として成長してきたのだと思います。

　それから約20年がたち，今度は私が学級経営の研修の講師としてご依頼をいただきました。研修の担当者であるまだ若いその先生と打ち合わせをしていたとき，以下のようにご相談いただきました。

　「経験年数をそれなりに積み重ねてきて，教師が子どもたち一人一人とつながることはなんとなくできるようになってきたと思います。ただ，子どもたち同士をどのようにつなげて導いていけばいいのかと考えると，その方法が分かりません。」

日本社会がそうであるように，教室でも年々，失敗が許されなくなってきているように感じています。教師は教室で失敗が起きないように子どもたち一人一人に対し手厚く支援し，そして子どもたちを把握することに躍起になっているのではないでしょうか。子どもたち同士が仲良さそうに過ごす姿を見るとほっとすると同時に，次はいつトラブルが起きるのだろうと不安になる先生は少なくないはずです。

　研修のご相談をいただいた先生は，そんな教室現場で子どもたちがそれぞれ気の合う友達だけと過ごすことは何か違うと思い，「つながる」とはどういうことなのかと問題を提起してくださったのだと感じました。

　とにかく子どもたち同士がつながることを重視し，教師が無理矢理つなげようとすれば，子どもたちはつながることが面倒になるでしょう。

　放っておいては偶然でしかつながれない子どもたちに対し，きっかけを作り，適切につながる経験を積み重ねられるようにする中で，子どもたちが持っている「つながる力」を引き出すのが教師の役割ではないでしょうか。

　本書は，3年生の子どもたちのつながる力を引き出すために，どのように学級経営をしていけばいいか記しました。先ほどあげた研修担当の先生のように何をすればいいのか分からない方のために，教師が何をするとよいか具体的に示すようにしました。教室での実践は，具体的に示せば示すほど柔軟性に欠けてしまい，目の前の子どもたちに合わないものになってしまうことがあります。載っていることをそのまま行うのではなく，目的を確認し，ご自身に合わせた形で行っていただければと思います。

　本書をきっかけにして，教室でつながる力が引き出され，子どもたちが，教師が，保護者の方々が充実した毎日を送れることをお祈りしております。

松下　崇

目　次

第1章　なぜ，いま「つながる力」か

第2章　「つなげる」から「つながる」，その先へ

第3章　人間関係形成能力を育てる学級経営365日　3年

1　春休み　春休みにこれだけはやっておきたい事前準備

第1章

なぜ,
いま「つながる力」か

1 世界の中の日本人の幸福度

　国連機関である「持続可能な開発ソリューション・ネットワーク」
（SDSN）は「World Happiness Report（世界幸福度報告書）」の2023年
版を発表しました[1]。2012年から（2014年を除く）各国の約1000人に「最近
の自分の生活にどれくらい満足しているか」を尋ね，0（完全に不満）から
10（完全に満足）の11段階で答えてもらう方式で，国ごとの幸福度を測定し
ています。なお，この主観的判断には，以下の6つの項目が加味され，判断
されます。

・1人当たり国内総生産（GDP）

・社会的支援の充実

・健康寿命

・人生の選択における自由度

・他者への寛容さ

・国への信頼度

　各年発表の数値は，過去3年間の数値の平均です。つまり，2023年のもの
は，2020〜2022年の3年間で，新型コロナウイルス感染症の影響が出た全期
間の初めての調査結果となります。

　これによると，日本のスコアは6.129，順位は137カ国中47位。スコア，順
位とも前年（6.039，146カ国中54位）からは改善しました。ただ，G7，主
要7カ国では最下位という結果でした。一方，日本で学力調査等でしばしば
比較対象とされるフィンランドは，今回の幸福度のスコアは7.804で，順位
は6年間連続の1位でした。上位は欧州の国々が目立ち，北欧5カ国が7位
までに入りました。

　この調査によると，日本のランキングは，60位から40位の間を推移してき
ました（2014年を除く）（図1）。失われた30年とも40年とも言われ，目に見
える経済成長がなされない日本ですが，それでもGDPは高く，社会保障制

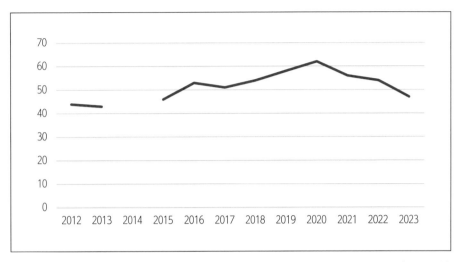

図1 「World Happiness Report（世界幸福度報告書）」における日本の順位の推移（筆者作成）

度も比較的充実しています。近年治安の悪化が指摘されてはいますが，まだまだ治安は良く，暮らしやすい環境が整っているといえます。「World Happiness Report（世界幸福度報告書）2022」では「1人当たり国内総生産（GDP）」「社会保障制度などの社会的支援の充実」「健康寿命」「人生の選択における自由度」の数値だけを見ると，日本は，ランキング上位国とさほど大きな差がありません。それにもかかわらず順位が上位にならない理由としては，「他者への寛容さ」と「国への信頼度」が低い点にあることが指摘されています。同報告書の2023年版でも「1人当たり国内総生産（GDP）」や「健康寿命」の高さの一方で「人生の選択における自由度」や「他者への寛容さ」の低さが指摘されています。

　健康寿命が長く，経済水準も低くない水準で充実しているこの日本で，私たちが幸福感を抱きにくい要因があるとしたらどのようなものなのでしょうか。

リクルートワークス研究所（2020 a）が，日本・アメリカ・フランス・デンマーク・中国で働く2500名を対象に，個人と企業における人間関係の有り様について調査した「5カ国リレーション調査」というものがあります[2]。ここでは，幸福感と社会的関係つまり，つながりについて様々な角度から調べ，国際的な比較を試みています。図2は，この調査における「現在，幸せである」との問いに対する回答です。

日本と他国を比べてわかるのは，「非常にそう思う」「そう思う」の割合の低さです。他国が，幸せの実感に対して肯定的に答えている割合が8割近くあるのに対して，日本は，5割を切っています。私たちの国では，「幸福である」といえる人は，半分もいないということになります。

また，図3は，「これからの人生やキャリアを前向きに切り開いていける」

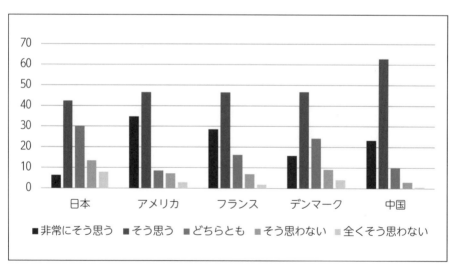

図2　「現在，幸せである」に回答した割合
（リクルートワークス研究所，2020 a をもとに筆者作成）

との問いに対する回答です。これも「非常にそう思う」「そう思う」の割合が３割程度で，他国の８割程度と比較して少ないことがわかります。今後，変化の速さも大きさも増大することが予想されているこれからの時代，ある日突然仕事を辞めるようなことになったり，転職することになったりすることが予想されます。自らの力で，キャリアを創っていく姿勢が求められる状況ですが，他国に比べて日本は，そうしたことに対する見通しや自信が，もてていない状況がうかがえます。

さらに，図４は，「突然会社を辞めることになっても，希望の仕事につける」との問いに対する回答です。やはり，これも「非常にそう思う」「そう思う」の割合が２割程度で，他国の５割〜８割程が肯定的に回答しているのに比べて，その割合が少ないことがわかります。これには単なる私たちのマインドの問題だけでなく，社会的な仕組みや環境も影響していることでしょう。日本は，長く終身雇用制度を取り入れてきたことや，「一を以て之を貫く」のような価値観があって，勤め先を転々とすることはあまりよくないの

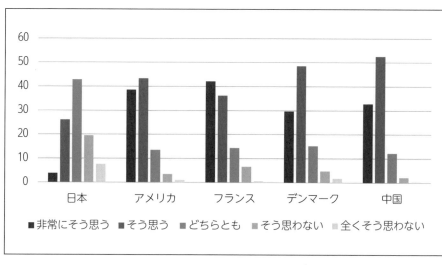

図３　「これからの人生やキャリアを前向きに切り開いていける」に対する割合
（リクルートワークス研究所，2020 a をもとに筆者作成）

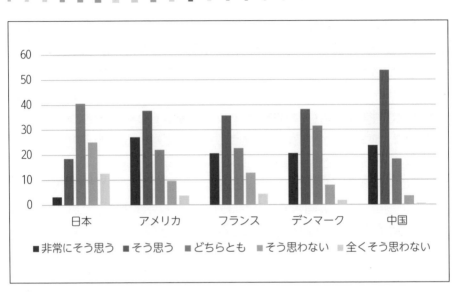

図4 「突然会社を辞めることになっても，希望の仕事につける」に対する割合
（リクルートワークス研究所，2020 a をもとに筆者作成）

ではないか，という風潮も影響していると思いますが，変化が激しく流動的なこの時代を生きる人のマインドとしては心許なさを感じる人もいるでしょう。

　これらの結果から，日本人は，幸福であると自覚している人が2人に1人程度で，これからのキャリアを自分で切り開いていける自信や今勤めている会社を突然辞めることになっても自分の希望の仕事につくことができるという見通しをもっている人たちの割合が，他国に比べて少ないことが見えてきます。

　リクルートワークス研究所（2020 b）が「5カ国リレーション調査」に基づき，提言をまとめた「マルチリレーション社会—多様なつながりを尊重し，関係性の質を重視する社会—」では，図5，図6のようなデータを示し，次のようなことを指摘しています。少し長いですが，重要な指摘だと思いますので，そのまま引用させていただきます（図5は，つながりの多さによる幸

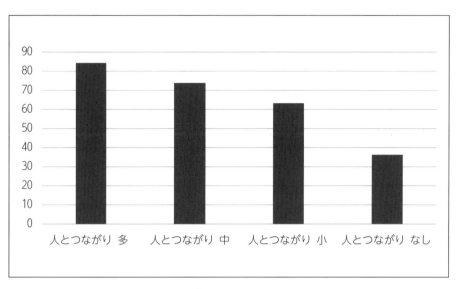

図5 つながりの度合い別の幸福を感じている割合
（リクルートワークス研究所，2020 b をもとに筆者作成）

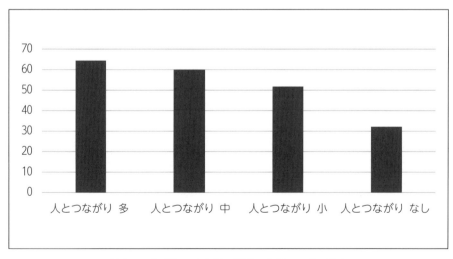

図6 つながりの多さ別の希望の仕事につける割合
（リクルートワークス研究所，2020 b をもとに筆者作成）

福を感じる割合の違い，図6は，つながりの多さによる仕事を辞めることに
なったときに，希望の仕事につけるという見通しや自信をもっている割合の
違いを表しています）。「人が生きていく上で，『幸福感』や『希望の仕事に
つける』という感覚はとても大切です。わたしたちが行った国際調査からは，
交流のある人間関係を持っていない『人とのつながりなし』の場合，幸福を
感じる割合が36.3％に留まるのに対し，交流のある人間関係の種類が多く，
さらにその人間関係を通じて活力や挑戦の後押しを得ている『人とのつなが
り　多』の場合は84.3％に高まることが分かりました。実に48％ポイントも
の差が生まれています」³

　データを見ればわかるように，もっているつながりが多い方が，より幸福
感を感じ，突然今の仕事を辞めることになっても，より希望する仕事につけ
るという実感をもつ割合が増すことがわかります。さらに注目したいことは，
つながりの「多い」，「中」，「少ない」の各程度間で比較するとその差は10％
程度なのに対して，「つながりなし」と答えている人たちは，もっとも数値
の近い「つながり小」と答えている人たちと比較しても20％近く差があるこ
とです。つながりが「ある」と答えている人たちと「ない」と答えている人
たちでは，随分世の中の見え方が異なり，また，生きづらさも違っているの
ではないかと思われます。

3　日本人のつながり方

　この提言書からは，日本人の独特のつながり方が見えてきます。「5カ国
リレーション調査」では，「交流のある人間関係」を「つながり」としてい
ますが，具体的には以下の14のつながりを指します。

・家族・パートナー
・親戚
・社会人になる前の友達

・一緒に学んだ仲間

・趣味やスポーツの仲間

・地域やボランティアの仲間

・勤務先の経営者

・勤務先の上司

・勤務先の同僚

・勤務先の部下

・社外の仕事関係者

・以前の仕事仲間

・労働組合

・政治家

　交流の様子が複数回答で示されていますが，どの国でも「家族・パートナー」（約70〜89％）「勤務先の同僚」（約65〜77％）は，選択される割合が高く，人間関係の２本柱となっています。特に日本は，「家族・パートナー」が88.6％と高く，家族が社会関係の基盤になっている国であることがわかります。また，職場の人間関係は，「勤務先の同僚」だけでなく「勤務先の上司」「勤務先の経営者」「社外の仕事関係者」「以前の仕事仲間」と幅広く想定されていて，「勤務先の同僚」や「勤務先の上司」の割合の高さは５カ国で大きな差がありませんが，「勤務先の経営者」「社外の仕事関係者」「以前の仕事仲間」になると，日本におけるそれらの割合の低さが目立っています。日本は，人材の流動性が低いためでしょうか，仕事の人間関係が社内に閉じてしまっているといえそうです（前掲）[4]。

4 「閉じた乏しい人間関係の」国，日本

　また，どの国でも高い傾向にあるものとして，「社会人になる前の友達」の割合が挙げられており，日本でも６割を超えています。友人の存在の大切

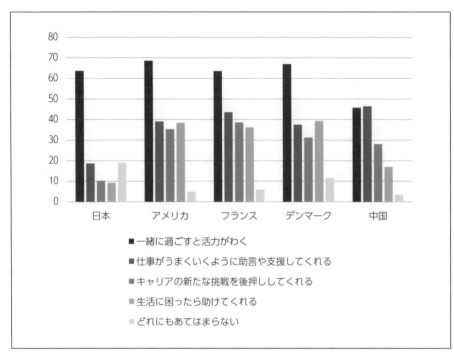

図7　社会人になる前の友達との付き合い方
（リクルートワークス研究所，2020 b をもとに筆者作成）

さは言うまでもありませんが，「一緒に学んだ仲間」「趣味やスポーツの仲間」「地域やボランティアの仲間」など，家族や仕事を離れたつながりの割合は，日本は他国に比べてかなり低くなっており，社会に出た後，人間関係が広がっていないことがうかがえます。

　では，「社会人になる前の友達」とどのようなつながり方をしているのでしょうか。学校教育段階で子どもたちがどのようなつながりをしているのか，学校関係者としては気になるところではないでしょうか。同調査では，つながり方を「一緒に過ごすと活力がわく」「仕事がうまくいくように助言や支援してくれる」「キャリアの新たな挑戦を後押ししてくれる」「生活に困ったら助けてくれる」「どれにもあてはまらない」を視点に，それぞれの割合を

見ています（図7）。

　ここからわかることは，日本の社会人になる前の友達とのつながりは，アメリカ，フランス，デンマークと同様に共に過ごし活力を得るという性質のものであることです。しかし，一方，「仕事がうまくいくように助言や支援してくれる」「キャリアの新たな挑戦を後押ししてくれる」「生活に困ったら助けてくれる」といった生活支援的なかかわりが低くなっています。

　私たち日本人の社会人になる前の友達とのつながり方は，一緒に過ごして楽しい気分を味わったり，それによって活力を得たりしているようですが，仕事やこれからの人生にかかわることの相談をしたり，生活に関する援助を求めたりするような間柄ではないようです。

　こうした日本人の他者とのつながり方を見ると，社会人になる前の友達とは，一緒に楽しく過ごすことはしても，人に悩みを打ち明けたり，助けを求めたりしたりはしないようです。また，社会人になってからは，その付き合いは，家族と勤務先の同僚に狭まり，とりわけ，家族の比重が高いつながりの中で生活をしているといえます。これらの調査結果から，日本人のつながりは，家族中心で，それ以外の人たちには**「閉じた」乏しい人間関係の有様**が見えてきます。

　日本社会は，よく「失敗ができない社会」とか「やり直しが利かない社会」とか言われますが，一緒に楽しむ仲間はいるけど，キャリア支援や生活支援を相談したり要請したりできる仲間がいないという日本独特とも見られる人々のつながり方にその一因があるのかもしれません。また，日本人にとってつながりの中心にある家族や職場も安定しているものとはいえません。

　少子高齢化の中で，生涯未婚率も上昇しています。結婚していること，子どもがいること，つまり家族がいることが前提の社会が崩れようとしています。また，企業の平均寿命が，20年と少しと言われる今，これはどんどん短くなることでしょう。終身雇用はほぼ崩壊し，短いサイクルで職を変えなくてはならない世の中になっています。また，日本人がつながりにおいて，頼みの綱とする家族も同僚も今や，とても危ういものになっているわけです。

これらのデータからわかるように，人はつながりがある方が幸福感は高くなります。また，ポジティブな状態をひけらかすことを嫌う日本の風土をいくらか差し引いても，日本人の幸福感が他国と比べて低いのは，つながりが家族や同僚など一部に限られていることが影響していそうです。さらに，学業とともに社会や世間を学ぶ学生の頃に築いていた人間関係は，相談，助け合いなどのソーシャルサポートとは異なる，楽しむことを中心としたレジャー的でイベント的なつながりであることがわかります。社会人になってから，ハプニングやトラブルの当事者になると，誰にも相談できずに路頭に迷う人が多くなるのは，人からの助けを求める，人を助けるなどのソーシャルサポートにかかわる経験値が足りないからなのではないでしょうか。

5　人間関係形成能力と学習指導要領

　このように人にとってつながりとは，幸福感やキャリア形成に関わる，生きる力というよりも生きることに直結することがわかりますが，学習指導要領において，つながりをつくる力の育成について述べられたのはそんなに以前のことではありません。

　平成20年改訂の小・中学校学習指導要領の特別活動の目標において，「人間関係の形成」について記載されました。小学校では次のように書かれています。「望ましい集団活動を通して，心身の調和のとれた発達と個性の伸長を図り，集団の一員としてよりよい生活や人間関係を築こうとする自主的，実践的な態度を育てるとともに，自己の生き方についての考えを深め，自己を生かす能力を養う」。なぜ，人間関係の重視が叫ばれるようになったのでしょうか。当時の学習指導要領の指針となった答申には次のようなことが指摘されています[5]。

「・学校段階の接続の問題としては，小1プロブレム，中1ギャップなど集団への適応にかかわる問題が指摘されている。

・情報化，都市化，少子高齢化などの社会状況の変化を背景に，生活体験の不足や人間関係の希薄化，集団のために働く意欲や生活上の諸問題を話し合って解決する力の不足，規範意識の低下などが顕著になっており，好ましい人間関係を築けないことや，望ましい集団活動を通した社会性の育成が不十分な状況も見られる。」

　ここには，社会の変化の影響を受け，子どもの人間関係の希薄化や集団への貢献意識や，協働による問題解決能力の低下などの問題が指摘されています。これまで人間関係の形成を目標にしてこなかった学習指導要領が，それを目標に据えたのは，いじめ，不登校，日常化していく学級崩壊などの問題が看過できないものとして認識されたからに他なりません。

　当時の文部科学省で教科調査官をしていた杉田（2009）は，人間関係形成能力に関して次のような認識を示しています[6]。「人間関係の悩みは誰もがもっているものです。その意味で，人間関係形成能力は『性格』ではありません。人間関係を結ぶ力が性格だとしたら変えるのは非常に困難であり，『私には無理』という思いから，あきらめてしまう人が多くなるでしょう。人間関係形成能力も性格ではなくて学ぶことができる力，つまり『学力』なのです」[7]。

　国が学習指導要領に人間関係の形成に関して記載する前からも，学校現場の教師たちは，教師と児童生徒，そして児童生徒同士の良好な関係性の重要性を認識し，それを育成していたことでしょう。ここに来て，社会の変化，それに伴う児童生徒の実態に対応し，人間関係形成能力が学びの対象となったことがわかります。

　では，現行の学習指導要領では人間関係形成能力はどのように捉えられているのでしょうか。学習指導要領では，3つの資質・能力の育成がねらわれています。このことは読者の皆さんに「釈迦に説法」だとは思います。しかし，現場の先生とお話をしていると，この3つのことは知っているけど，中味まではよく知らないという方もいます。確認のために記載しておきます。

(1)知識及び技能が習得されるようにすること。
(2)思考力，判断力，表現力等を育成すること。
(3)学びに向かう力，人間性等を涵養すること。

　この３つ目の「学びに向かう力，人間性等」の中で，次のことが書かれています[8]。

> 　「児童一人一人がよりよい社会や幸福な人生を切り拓いていくためには，主体的に学習に取り組む態度も含めた学びに向かう力や，自己の感情や行動を統制する力，よりよい生活や人間関係を自主的に形成する態度等が必要となる。これらは，自分の思考や行動を客観的に把握し認識する，いわゆる『メタ認知』に関わる力を含むものである。こうした力は，社会や生活の中で児童が様々な困難に直面する可能性を低くしたり，直面した困難への対処方法を見いだしたりできるようにすることにつながる重要な力である。また，多様性を尊重する態度や互いのよさを生かして協働する力，持続可能な社会づくりに向けた態度，リーダーシップやチームワーク，感性，優しさや思いやりなどの人間性等に関するものも幅広く含まれる。」

　前学習指導要領と連動していた前生指導提要には，生徒指導の意義のなかで「生徒指導とは，一人一人の児童生徒の人格を尊重し，個性の伸長を図りながら，社会的資質や行動力を高めることを目指して行われる教育活動のこと」と書かれています。社会的資質とは，人間関係をうまく遂行するために欠かせない能力のことであり，社会性や社交性，コミュニケーション能力，共感的な行動能力などが含まれますので，人間関係形成能力と極めて似た概念です。
　つまり，前学習指導要領では，いじめ，不登校，学級崩壊等の問題を背景に生徒指導のねらい達成のために人間関係形成能力が捉えられていたと考え

られます。そして，前生徒指導提要によれば生徒指導は，「学校の教育目標を達成する上で重要な機能を果たすものであり，学習指導と並んで学校教育において重要な意義を持つもの」（この生徒指導の捉えは，令和４年12月改訂の新提要でも同様）ですので，人間関係形成能力は，学校教育の柱の一つのねらいのまた一つと捉えられていたことがわかります。

しかし，現行の学習指導要領は，改めていうまでもなく，３つの資質・能力をねらって設計されているものです。また，「知識及び技能」の習得と「思考力，判断力，表現力等」の育成は，「学びに向かう力，人間性等」の涵養に向かって方向づけられるという構造をもちます。つまり，人間関係形成能力の育成は，現学習指導要領のねらいそのものといってもいいと考えられます。

6 人間関係形成能力とは

では，人間関係形成能力とはどのような能力をいうのでしょうか。小学校学習指導要領（平成29年告示）解説，総則編では，人間関係形成能力という文言そのものは，出てきませんが，「人間関係」という文言は，79カ所見られます。そのうちその育成にかかわるだろうと思われる「よりよい人間関係」という文言は28カ所になりますが，それが具体的にどのようなものであるかは明記されていません。

一方，キャリア教育のなかに，人間関係形成能力という文言が見られ，その内容が記載されています。人間関係形成能力の前に，キャリア教育について簡単に整理しておきましょう。文部科学行政関連の審議会報告等で，「キャリア教育」が文言として初めて登場したのは，中央教育審議会「初等中等教育と高等教育との接続の改善について（答申）」（平成11年12月16日）です。新規学卒者のフリーター志向の広がり，若年無業者の増加，若年者の早期離職傾向などを深刻な問題として受け止め，それを学校教育と職業生活との接続上の課題として位置付け，キャリア教育が提唱されました。

その後，国立教育政策研究所生徒指導研究センターが平成14年11月，「児童生徒の職業観・勤労観を育む教育の推進について」の調査研究報告書をまとめ，小学校・中学校・高等学校を一貫した「職業観・勤労観を育む学習プログラムの枠組み（例）―職業的（進路）発達にかかわる諸能力の育成の視点から」を提示しました。この「枠組み（例）」では，「職業観・勤労観」の形成に関連する能力を，「人間関係形成能力」「情報活用能力」「将来設計能力」「意思決定能力」の４つの能力領域に大別し，小学校の低・中・高学年，中学校，高等学校のそれぞれの段階において身に付けることが期待される能力・態度を具体的に示しました。

　それから様々な議論が重ねられ，キャリア教育における基礎的・汎用的能力を構成する能力として，「人間関係形成・社会形成能力」「自己理解・自己管理能力」「課題対応能力」「キャリアプランニング能力」の４つが整理されました。文部科学省の「小学校キャリア教育の手引き―小学校学習指導要領（平成29年告示）準拠―」（令和４年３月）によれば，これらの能力は，包括的な能力概念であり，必要な要素をできる限りわかりやすく提示するという観点でまとめたものです。この４つの能力は，それぞれが独立したものではなく，相互に関連・依存した関係にあり，特に順序があるものではなく，また，これらの能力をすべての者が同じ程度あるいは均一に身に付けることを求めるものではない，とされています[9]。

　同手引きには，社会形成能力と共に人間関係形成能力は，次のように説明されています（文部科学省，前掲）[10]。

　「『人間関係形成・社会形成能力』は，多様な他者の考えや立場を理解し，相手の意見を聴いて自分の考えを正確に伝えることができるとともに，自分の置かれている状況を受け止め，役割を果たしつつ他者と協力・協働して社会に参画し，今後の社会を積極的に形成することができる力である。

　この能力は，**社会との関わりの中で生活し仕事をしていく上で，基礎となる能力**である。特に，価値の多様化が進む現代社会においては，性別，

年齢，個性，価値観等の多様な人材が活躍しており，**様々な他者を認めつつ協働していく力**が必要である。また，変化の激しい今日においては，**既存の社会に参画し，適応しつつ，必要であれば自ら新たな社会を創造・構築していくこと**が必要である。さらに，**人や社会との関わりは，自分に必要な知識や技能，能力，態度**を気付かせてくれるものでもあり，**自らを育成する上でも影響**を与えるものである。具体的な要素としては，例えば，他者の個性を理解する力，他者に働きかける力，コミュニケーション・スキル，チームワーク，リーダーシップ等が挙げられる。」　　　（太字は筆者）

　国の示したこの人間関係形成能力への認識は，これまで示したいくつかのデータと符合するものです。つながりは幸福感と直結し，つながりは変化の激しい時代においては自分の人生を創っていくとても重要なものだと言えます。そして，その重要性は今後益々増していくと思われます。

　しかし，先程，日本人がつながりの中心とする職場の同僚と家族も安定したものではないと指摘しました。私たち日本人は，どのようなつながりをもっていったらいいのでしょうか。

7　安全基地と仲間

　先程紹介したリクルートワークス研究所の「マルチリレーション社会―多様なつながりを尊重し，関係性の質を重視する社会―」（前掲）では，様々なつながりの中で，注目すべき性質として「ベース性」と「クエスト性」の2つを挙げています[11]。ちなみにこの調査におけるリレーションとは，互恵的で，豊かな質をともなう関係性のことです[12]。「ベース性」とは「ありのままでいることができ，困ったときに頼ることができる安全基地としての性質」，「クエスト性」とは「ともに実現したい共通の目標がある，目的共有の仲間としての性質」と説明されています。私たちが幸福になるためには，人間関係における安全基地と仲間としての機能が注目されるということです。

これは，かつての拙著でも「チーム」と「ホーム」という概念で説明することもできます。

「ホーム」とは，現在の姿の肯定，関係性の維持によるエネルギーの保持，増幅ができる集団のことをいいます。一方「チーム」は，協力的関係と機能的な役割分担によって目的達成を志向する集団のことです。

「ホーム」は居心地がよいのですが，成長や発展が少なく，人々がもつ達成への欲求が十分に満たされるわけではありません。また，「チーム」は，目的達成への参画によって，成長や発展がもたらされますが，モチベーションの維持や生産性の向上への努力や対人関係が損なわれるリスクを常に負い続けなくてはなりません。人が幸福感を感じるには，それぞれの個性に応じて両方がバランス良く確保される必要があると考えています。

「マルチリレーション社会―多様なつながりを尊重し，関係性の質を重視する社会―」（前掲）では，このベース性のあるつながりとクエスト性のあ

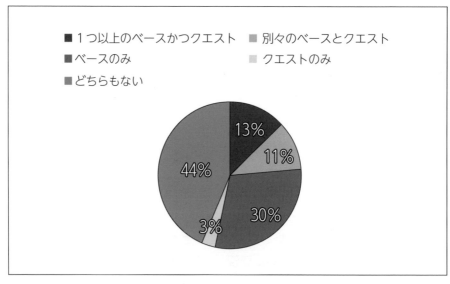

図8　働いている人のリレーションの持ち方
（リクルートワークス研究所，2020bをもとに筆者作成）

るつながりの確保状況について興味深い調査結果（「働く人のリレーション調査」）を紹介しています[13]。この調査は，全国に居住する，25-64歳の男女就業者を対象として，そのつながりの特徴を明らかにしたものです（図8）。

　図8を見るとわかるように，働いている人のうち，ベースかつクエストの機能をもつリレーションをもっているは13％，2つのリレーションを別々にもっているのは11％で，両方をもつのは，24％でした。また，どちらかをもっているのは，33％でそのほとんどがベース機能のリレーションでした。一方で，両方をもっていないのは44％であり，本調査は「リレーションをもつことは，今や，決して当たり前ではなくなった」と結論付けています[14]。

　本調査を私なりに解釈すると，働いている人のなかで，ホームとチームの両方をもっているのは4人に1人程度で，どちらかをもっているのは3人に1人でそのほとんどはホームであり，チームをもっているのは極僅か，そして，両方をもたない人が4割程度もいるのです。働いていても4割が豊かなつながりをもてないでいます。つまり，わが国の就業者において，安心や成長の時間を感じることができている人は，4人に1人，そのうち1人は，安心感はあるものの成長実感に欠け，残りの2人は安心感も成長実感も薄いということが推察されます。これは正に冒頭に紹介した，日本人の2人に1人は，幸福感を感じられていない状態と符合するのではないでしょうか。

8　今こそ，他者とつながる力を子どもたちに

　これまで学校教育において人間関係づくりは，いじめ，不登校，そしてときには学級崩壊の予防策として注目されることがありました。現在も人間関係づくりに注目し，尽力される学校はそのような目的で実践されていることでしょう。それは大筋で間違っていないと思います。むしろ，これからも積極的に進められていくべきでしょう。

　しかし，これまでの実践には，教師が子どもたちをつなげようと頑張りすぎるあまり，「仲良く」，「みんな一緒に」を強調するがために，同調圧力の

ような閉塞感を生んでしまうようなこともあったと思われます。同調圧力に対する忌避感からか，学校関係者の中でも，「ゆるいつながり」や「つかず離れずの関係」など耳当たりのよい人間関係が指向されるようになりました。それらのイメージが誤っているとは全く思いませんが，その実現はとても難しいと感じています。

　耳当たりのよさの一方で，他者に必要以上にかかわらない「冷たい関係」を助長してしまっている場合もあるのではないでしょうか。私たちが成長，発展するためには，「耳の痛い話」をしてくれる人も時には必要です。「耳の痛い話」は文字通り，痛みを伴います。中途半端な関係性でそれをすると関係が破綻してしまうことがあります。目の前の子どもたちの関係性を見てみてください。全肯定するか，全否定するかの極端な関係になっていませんか。肯定の関係は，他者が何をやっても「いいね」「ありだね」と認め，一緒にいる分には，まあまあ楽しいし独りぼっちになることはありません。否定するのは精神的に疲れますから，今の子どもたちは「かかわらない」という選択をしているのではないでしょうか。

　「ゆるいつながり」とは，余計な干渉はしないが，困ったときは助け合うわけであり，ネガティブな部分を他者にさらけ出す必要が出てきます。接近と回避の中間に立つ，とても難しい関係です。そこにはそれ相応の信頼関係が必要となります。耳当たりのいい話は，実現するときには，大抵の場合，多大なコストがかかるものではないでしょうか。

　学校教育が忘れてはならないことは，「子どもたちを幸せにする」ことです。そして，さらに大事なことは「子どもたちが幸せになる」力を育てることではないでしょうか。われわれの幸せの実感が，つながりの量と質に関係しているのだとしたら，学級をまとめるためではなく，子どものたちの幸せのために，ある程度の量があり，かつ良質なつながりのある学級経営をしていく必要があるのではないでしょうか。

　そして，それ以上に大切なことは，子どもたちが自らつながり，自らのネットワークを構築するような能力を育てることではないでしょうか。まとま

りのいい学級づくりや仲間づくりといったこれまでの学級経営の流れは，もちろん無視できないくらい大切な営みであり続けるでしょう。ただ，それはともすると，教師や社会性のあるクラスメートに依存する受身体質の子どもたちを一定数育ててしまっている可能性があります。これからは，子どもの幸せになる力を見据えて，自ら安全基地と仲間といった幸福感の基盤となるような人間関係をつくる力を引き出し，育てる学級経営をしていくことが求められているのではないでしょうか。

　今世の中はデジタル化，DX化によって，人と人とが直接触れ合わなくてもいいような道具と仕組みの整備が進んでいます。コロナ禍はそれを加速させると同時に，なんとなく人々がもっていた人と人とが関わることに対する煩わしさに対する正当性を与えることに一役買ったように思います。それまでは，たとえ面倒でも人づきあいは大事にした方がいいと消極的に関わっていた人たちに，関わらなくてもいいとお墨付きを与えたのではないでしょうか。

　しかし，本章における調査等から私たちが幸福感と共に生きるためには他者とのつながりが重要な鍵を握ります。学校教育では，子どもの「将来のため」に学力をつけるために，教育内容やカリキュラムが整えられ，授業法の工夫もしています。ところがその一方で，人とつながる力については，そうした体制による整備は十分とは言えず，学校任せ，個々の教師任せになっているのではないでしょうか。

　人とつながる力が必要なのは，何も子どもの「将来のため」ばかりではありません。いじめは勿論，不登校も個人的要因よりも教師や子ども同士の関係性要因から起こっていることが近年の調査からわかってきました。教室の心理的安全性を脅かすのは，なによりも人的リスクです。つまり，子どもにとって教室における最大の脅威は人間関係なのです。将来の幸福だけでなく，子どもの「今ここ」の幸せのために，他者とつながる力をつけることは，学校にとって大事なミッションなのです。

【参考文献】

1 持続可能な開発ソリューション・ネットワーク「World Happiness Report 2023（世界幸福度報告書2023年版）（第11版）」2023年（https://worldhappiness.report/ed/2023/　閲覧日2023年7月20日）

2 リクルートワークス研究所「Works Report 2020　5カ国リレーション調査【データ集】」2020年a（https://www.works-i.com/research/works-report/item/multi_5.pdf　閲覧日2023年8月16日）

3 リクルートワークス研究所「次世代社会提言プロジェクト―マルチリレーション社会：個人と企業の豊かな関係―」「【提言ブック】マルチリレーション社会―多様なつながりを尊重し，関係性の質を重視する社会―」2020年b（https://www.works-i.com/research/works-report/2020/multi_03.html　閲覧日2023年11月1日, https://www.works-i.com/research/works-report/item/multi2040_3.pdf　閲覧日2023年8月16日）

4 前掲3

5 中央教育審議会「幼稚園，小学校，中学校，高等学校及び特別支援学校の学習指導要領等の改善について（答申）」平成20年1月17日

6 杉田洋『よりよい人間関係を築く特別活動』図書文化，2009年，pp.160-161

7 前掲6

8 文部科学省『小学校学習指導要領（平成29年告示）解説総則編』東洋館出版社，2018年

9 文部科学省「小学校キャリア教育の手引き―小学校学習指導要領（平成29年告示）準拠―（令和4年3月）」2022年

10 前掲9

11 前掲3

12 前掲3

13 前掲3

「働く人のリレーション調査」：全国の25-64歳の男女就業者が対象。2019年12月19日〜23日にオンラインで調査を実施。有効回答数は3273名。

14 前掲3

第2章

「つなげる」から
「つながる」，その先へ

① 「つながる力」は目的なのか？手段なのか？

（1） 小学校を卒業した後の子どもたちの未来に必要なこと

『小学校学習指導要領（平成29年告示）解説総則編』の冒頭には，「今の子供たちやこれから誕生する子供たちが，成人して社会で活躍する頃には，我が国は厳しい挑戦の時代を迎えていると予想される。生産年齢人口の減少，グローバル化の進展や絶え間ない技術革新等により，社会構造や雇用環境は大きく，また急速に変化しており，予測が困難な時代となっている。」と記してあります。

学習指導要領が告示された時はそこまで実感がありませんでしたが話題のChatGPTで調べ物をしたり，様々な業態で時給を上げても人手不足になってしまう現状をニュースで目にしたりすると，随分先だと思っていた「予測困難な時代」はもうすでにやってきているように感じています。

経済産業省の中に設置された未来人材会議の「未来人材会議中間とりまとめ」では，2030年，2050年の未来を見据え，

「次の社会を形づくる若い世代に対しては，

・常識や前提にとらわれず，ゼロからイチを生み出す能力

・夢中を手放さず一つのことを掘り下げていく姿勢

・グローバルな社会課題を解決する意欲

・多様性を受容し他者と協働する能力

といった，根源的な意識・行動面に至る能力や姿勢が求められる」としています。

経済産業省の未来人材会議が求めている人材と学校教育で育てる資質・能力を一致させる必要があるのかどうかという議論は丁寧にされる必要があると思います。しかし学校での教育を受けた後，ほとんどの子どもたちは社会の中で生きていくのですから，求められる能力や姿勢について意識しておく

ことは大切なことと言えます。

　未来人材会議が列挙している能力や姿勢をよく見てみると，一つの能力や姿勢として捉えるというよりも，それぞれの能力や姿勢が連動しているように思います。

　一つの例を挙げるなら，「ゼロからイチを生み出す能力」を発揮するためには，「一つのことを掘り下げる姿勢」が大切ですし，その際「多様性を受容し，他者と協働する能力」を発揮できなければ「グローバルな社会課題を解決する」こともまた難しいでしょう。

　ここで言う「他者と協働する能力」を「つながる力」として捉えてみれば，同じことを言えるのではないでしょうか。本書のタイトルは，『人間関係形成能力を育てる学級経営365日ガイドブック』ですが，「つながる力を引き出す」ことだけを目的にしてしまえば，それは結局，教師が「無理矢理つなげている」ことになってしまいます。

　そうではなく，まえがきでも触れましたが教師がきっかけを作りつながる中で，子どもたちは様々な力と一緒に「つながる力」が育まれます。そして，他の力と一緒に子どもたち自身が自立した形で「つながる力」を発揮し，自己実現の経験を積み重ねていくことが，学校教育という場から離れ社会に出た時，必要になってくるのだと思います。

　「つながる力」はそれ単体で考えるのではなく，様々な力とともに発揮され，結果的に自己実現へとつながっていく

（2）　「つながる力」は幅広い

　「つながる力」と考えた時，子どもたちは何とつながるのでしょうか。

　一番に思い浮かぶのは，友達でしょう。その他にも教職員や地域の人など様々な人とつながります。小学校は学校教育の入り口ですので，対人スキルを磨きよりよい人間関係を築こうと失敗や成功を繰り返し，互いのよさや協

働して取り組むことを学びます。

　また他者とつながることを通して，自分自身について様々な気付きが生まれるでしょう。そういう意味では，「自分とつながる」と言えます。

　さらに友達と協働し，自分と向き合う活動を繰り返すうちに，クラスに所属感をもち，愛着が湧いてきます。そうして自分のクラスをよりよいものにしていこうとすることでしょう。そう，「クラスともつながる」のです。

　もちろん，つながり方は人それぞれです。むしろ，つながりを強要されては，息苦しくなりつながろうとする意欲は低くなります。そうしているうちに「つながる力」もまた弱まっていくでしょう。

　社会が多様性を大切にしているように，つながることもまた，多様性が担保されていることが重要だと言えます。

　多様性を担保されながら，自分や他者，集団とつながる力を育む

（3）「つながる力」はいつ育てるのか？

　授業中，算数の時間に自分から友達に積極的に話しかけ解き方を教えてもらっている時は，その姿勢を先生が褒めていたのに，次の時間の国語で作文を書く時には，「勝手に友達と話をして書くのはいけません！」と注意を受けてしまうというようなことがあります。学校生活のある場面では正しいとされている行動が，違う場面では誤った行動とされてしまうようなことです。

　もちろん，それぞれの授業には目標があり，それに合った学習活動が設定されています。上記のような場合も，それぞれに合った学習方法を察し，行動する必要がありました。

　しかし，多くの子どもたちは「あの時よかったことがどうして今はダメなの？」と不思議に思うはずです。年齢を重ね様々な経験を積めば，それぞれの状況を的確に捉え，その場面に合った行動が取れるようになると思います。

　しかし，３年生の段階では，すべての子どもが状況を察し，正しい判断を

するのは難しいでしょう。そこで私は学習の場面と生活の場面をできるだけ同じ価値基準で行動できるようにしています。さらに学習場面においても，各教科・領域の特性を大切にしながら，なるべく同じ価値基準，方法で指導するようにします。

学校生活の様々な場面で同じ価値基準で行動できるようにする

---

❷ 3年生はギャング!?

3年生の時期を「ギャングエイジ」と表現することがあります。文部科学省のホームページでこの頃の子どもたちを以下のように示しています。

> 集団の規則を理解して，集団活動に主体的に関与したり，遊びなどでは自分たちで決まりを作り，ルールを守るようになる。その一方，この時期は，ギャングエイジとも言われ，閉鎖的な子どもの仲間集団が発生し，付和雷同的な行動が見られる場合もある。

子どもたちが自分たちの中からリーダーを選び，独自のルールや言語，共通の秘密を共有し，外部に対して排他的・閉鎖的なグループを作る姿から，「ギャングエイジ」と表現されることがあります。「やんちゃ」と言えば聞こえはいいですが，子どもたちの行動が「やりたい放題」で，しかもそれがグループで行われることになれば，かなり手を焼くことになります。

クラスで行動が目立つグループの子どもたちに担任の意識が集中し，そちらにばかり関わっていると，他の子どもたちもまた「ギャング化」し始め，

クラスは一気に秩序を失うことになるでしょう。

　そうならないようにと，クラスのルールを細かに設定し，グループでの活動を制限する等，徹底的に管理していけば子どもたちの「ギャング化」は防げるかもしれません。しかし，そのようなクラスに何の魅力も感じないばかりか，後の子どもたちにとって悪影響を及ぼすことを，本書を手にとるような読者の皆様なら容易に考えられると思います。

　もちろん，子どもたちのそれまでの経験や置かれている状況によっては，一時的に管理的な学級経営が必要になることはあるかもしれません。しかし管理的な学級経営を1年間通して行い，表向き従順な子どもたちと平和な日常を過ごすことに満足していては，結果的に子どもたちの中に，何も育つものはないでしょう。目の前の子どもたちと向き合わず，問題を先送りにしているに過ぎないとも言えます。いや，むしろ，子どもたちの気持ちをへし折り，子どもたちが成長しようとする意欲の芽を摘んでいるとしたら，マイナスでしかないとさえ言えるでしょう。

　そう考えれば，子どもたちがグループ化するものだと受け入れ，グループでの望ましいルールや立ち振る舞いを経験する中で成長し，その後続く人生にとって有意義なものになるよう，指導していきたいものです。

> 　「グループ化するもの」だと受け入れ，望ましいルールや立ち振る舞いを経験し，力をつけられるようにする

　「そうは言っても，そんな簡単にうまくいかない」という読者の声が聞こえてきます。上記のようなことを実現するために，もう少し，じっくりと子どもたちがこれから過ごす「3年生」という学年について考えていきましょう。

3 低学年から中学年へ

（1）　具体的思考から抽象的思考へ

　3年生くらいになってくると，物事を抽象的に捉えられるようになってきたり，自己中心的な考え方から事象と自分を分けて考えられるようになってきたりします。

　例えば算数では，実際に数えるとたくさん時間がかかるような「大きい数のしくみ」やこれまでよりさらに論理的に考える必要がある「わり算」や「分数」を扱うようになります。理科でも，「電気」や「磁力」のように，目に見えないものを目の前の事象から考えを深めていきます。

　少しずつ抽象的に考えられる子どもとまだまだ具体的に考えることしかできない子どもがいることを念頭におき，指導していくことが大切でしょう。

> 　3年生は，少しずつ抽象的，論理的に考えるような学習内容になっている

　学習内容だけではなく，日常の学校生活においても子どもたちは少しずつ抽象的・論理的に考えるようになります。

　ある時，1年生のクラスの子どもが「友達が嫌なことを言ってきた」と担任である私に相談に来ました。「いつ，どこで，どのようなことがあったのか」整理をし，その時どのような気持ちになったのか，話を聞きました。その後，相談に来た子どもがいるところに相手の子どもを呼び，「そのようなことがあったか」尋ねるとその子どもがすぐに「ごめんね。」と言い，嫌な気持ちになった子どもが「いいよ。」と即答し，そのまま手をつないで校庭に遊びに出掛けていきました。低学年の教室でこのようなことはよくあることで，嫌な思いをした子どもにとっては，自分の思いが相手に伝わり，嫌だ

ったことが共有できた時点で，「その問題は解決」となることが多いです。

　一方，同様のことが3年生で起こるとどうでしょうか。多くの場合，「どうしてそういうことをしたか」「次からはどのように接してほしいか」確認しないと，トラブルが解決の方向に向かわないでしょう。この頃の子どもたちは，目の前で起こったトラブルの根本にあることや今後起こりうる問題について話し合い，納得した上で生活していきたいと考えています。

> 　トラブル対応についても，子どもたちが納得するために，トラブルの根本や今後起こりうる問題について考えられるようにするとよい

　このように少しずつ論理的に物事を考えるようになるので，学校生活において一見，取り組むことが当たり前と考えられるようなもの，例えば掃除当番や給食当番，運動会への取り組み等でも，「なぜそれをするのか」「それをするとどのようなよさがあるのか」確認しながら，進めていくとよいでしょう。

（2）　3年生は考えて行動する意欲に溢れている

　1，2年生での学校生活を経て，3年生になっているわけですから，子どもたちは，学校での生活にそれなりに見通しをもてているはずです。クラスのメンバーや教室，使用する下駄箱等が変更されることにも，不慣れながらもほとんどの子どもたちは順応していくことでしょう。1，2年生の時の経験を活かして，そこから頑張っていこうという意欲に溢れているはずです。年度の当初はまだまだ幼く，大人の言うことを絶対視し，その範囲から出ようとする子どもは少ないでしょう。

　学年が上がり，小学校5，6年生になってくると，反抗期を迎える子どもも多く，教師や保護者，周囲の大人の言うことをきちんと守ることが難しくなってきます。子どもたちが自分で考えず，「先生が言うからやる」という短絡的な価値基準で行動することが染み付いてしまうと，高学年になった時，

反抗期の影響も受け，問題は深刻になります。

　中学年の時，一人一人の行動を支える価値を子どもたちと一緒に丁寧に確認し，「なぜその考え方が必要なのか」しっかりと確認することが大切です。

　またまだまだ万能感に溢れている子どもたちが多いはずです。それらの気持ちを大切にしながら，上手に子どもたちをエスコートすることも大切です。

　3年生のこの時期に子どもたちのやる気を引き出し，自分で考える姿勢を身につけさせる

（3）　個人差が大きく，「一斉に同じこと」が難しくなってくる時期

　先程，トラブル対応のコツとして，少しずつ抽象的に考えられる子どもとまだまだ具体的に考えることしかできない子どもがいることを述べました。これは生活場面に限定するのではなく，学校生活のすべての場面に当てはまることです。

　学習場面においても，具体的なところで一つ一つ丁寧に確認したい子どももいれば，自分で図や絵に置き換えて分かりやすく表現し説明できる子どももいます。学習中に全員が同じように，「〇〇を使って理解を深める」のではなく，できるだけ子どもたち一人一人が自分に合ったものを選択し，考えを深められるようにします。

　自分に合ったものを選択できるように場を設定しますが，学習内容や自分の能力を事前にきちんと把握できない子どもがほとんどです。初めは選ぶための基準を明確にして伝え，自分で選べるようにするとよいでしょう。活動を重ねる中で，学び方を理解してくると上手に自分で選べるようになっていきます。

　また，子どもたちの能力もそうですが，生活経験もまた違います。子どもたちの考え方や見えているものが全く違うということを前提にして学習を進めていく必要もあります。従って，授業中，発言の根拠が個人の経験に基づ

くような場合には，丁寧にその考えを共有できるようにするとよいでしょう。場合によっては写真や動画を使って解説を加え，共有を図ります。

> クラスで「一斉に同じこと」は難しいということを前提で学校生活を送る

（4） 3年生は初期指導が盛りだくさん!!

　3年生で，新しく始まる教科・領域，学習内容がたくさんあります。

　例えば，それまで学習していた生活科がなくなり，理科や社会，総合的な学習の時間に新たに取り組みます。書写の時間に習字セットを使用して学習しますし，絵の具セットを購入して図工に取り組むのも3年生からが多いのではないでしょうか。音楽でも，リコーダーを使って学習します。当番活動においても，3年生から給食当番の取り組み方が変更になることが多いでしょう。

　そう考えると，3年生になって「初めての出会い」の場面がたくさんあることになります。子どもたちがこれまで経験したことのないものと出会うわけですが，そのほとんどは「なんとなく知っている」ものです。校舎内に，理科室があることは，入学当初，生活科で学校を探検する時に知りますし，習字が掲示されていたり，リコーダーの音色が聞こえてきたりする中で，自ずとその存在を知るようになります。

　新しい教科書や道具を目の前にした時，「とうとう自分もやるんだ！」というワクワクしている子どもがほとんどではないでしょうか。最初の出会いの演出もそこそこに記名の有無や禁止事項の確認を行ってしまっては，子どもたちのワクワクした気持ちはいつの間にかなくなってしまいます。

　「3年生の担任をする」ということは，子どもたちの人生においての「初めての出会い」や「ワクワク」と立ち会うということにもなります。もちろん，きちんとした指導は必要なことですが，子どもたちと一緒にそのワクワ

クを楽しみ，これからの学習に希望をもって取り組んでいきましょう。

> 3年生の担任は，「初めての出会い」とたくさん立ち会うことができる！

4 「つながる力」を育むために教師がすべきこと

（1） 一人一人の子どもを大切にするために教師がすべきこと

　ここまで3年生という学年がどのような学年か簡単に見てくる中で以下のことを3年生で大切にするとよいことが分かってきました。

> ・「グループ化するもの」だと受け入れ，望ましいルールや立ち振る舞いを経験し，力をつけられるようにする。
> ・3年生は，少しずつ抽象的，論理的に考えるような学習内容になっている。
> ・子どもたちのやる気を引き出し，自分で考えられるようにする。
> ・トラブル対応についても，子どもたちが納得するために，トラブルの根本や今後起こりうる問題について考えられるようにするとよい。
> ・クラスで「一斉に同じこと」は難しいということを前提で学校生活を送る。
> ・3年生の担任は，「初めての出会い」とたくさん立ち会うことができる。

　これらのことを見ていると，3年生では，新しいことが始まり意欲が溢れる子どもたち一人一人に合わせながら，友達と適切に関わりながら学べるようにしていくことがよいことが見えてきます。

この数年でも，学校現場では「ICT 教育」「英語教育」「道徳の教科化」等，様々な取り組みが新たに始まりました。さらに「校則の見直し」が議論になったり，「年3日は平日に学校を休めるロケーションの日」という取り組みを始めたりする自治体もあります。新型コロナウイルス感染症への対応で，子どもたち一人一人に合わせた対応が必要にもなりました。教室で担任が行う業務は格段に増えたように感じています。「一人一人に合わせた教育をするということが大切なのは分かるが，これ以上，手が一杯」というのが，学校現場の先生方の本音なのではないでしょうか。

　そうなってきた時に，学校現場でできることは，子どもたち同士が教え合える力を高めることです。子どもたちが自ら考え行動することできれば，これまで教師が細かに指示をし，準備をしていた労力はなくなります。教えるのが教師だけではなく友達と一緒に学び合えるようになれば，教師はその分の労力を他に割くことができます。

　同じことを子どもたちの視点で考えてみます。これまで教師が全てお膳立てしてきたことを，自分でやることになります。もちろん失敗することもあるけれど，少しずつできるようになりなんだか自信がついてきます。学習中，困ったことがあっても，教師は一人です。順番を待っているうちに話題は次に進んでいってしまっていましたが，友達と教え合うようになったら待ち時間はなくなります。

　子どもたちが自ら考え行動し，友達と問題を解決する力を育てることにコストをかけ，そしてそれが実現していけば，教師がさらに子どもたち一人一人をケアすることが可能になっていくのです。

　最初に子どもたちが自ら考え行動し，友達と問題を解決する力を育てることにコストをかけて子どもたちが育てば，一人一人をケアすることができるようになる

（2）　3つの STEP で取り組む「つながる力を引き出す学級経営」

　本書では，3年生の教室で，「つながる力を引き出す1年間の学級経営」について，3つの STEP に分けて紹介します。

① STEP 1　友達との関わりの技能を教える

　まず一人一人の子どもたちに焦点をあて，友達と関わる際，どのように具体的に行動すればいいか，指導の方法を提示します。様々な発達段階の子どもたちがいるとき，「つながる力」を引き出すために指導することはなにか，活動に合わせてお示しいたします。

② STEP 2　クラスの環境づくり

　「やることが分かっている」けれど，それらが行動に移っていかない場合，クラスでの環境が整備されていないことがあります。子どもたちが行動に移す際，「やってみたいな」と意欲が湧いてきたり安心して取り組んだりすることができるよう，「教室の環境を整える」という視点でお示しします。

③ STEP 3　協働的な学びの質を深める

　「活動ありて学びなし」という言葉があります。子どもたちの活発な様子は見るものを惹きつけ，好感を得ます。もちろん，子どもたちが楽しんで活動するということは大切ですが，「楽しんで終わり」になってしまっては，何のためにそれをしたのかが分からなくなってしまいます。

　先程から述べている通り，子どもたちから「つながる力」を引き出さなければいけません。子どもたちは友達との関わりの中で，力を合わせて問題を解決していきます。その際，活動の質を深めるためにどうすればいいかお示しします。

STEP3
協働的な学びの質を深める

STEP2
教室での環境を整える

STEP1
友達との関わり方を教える

　1年間の学級経営を大きく4つの時期に分け，それぞれを以下のように位置付けました。

4月	1年間を見据えてまずは「つながる力」の基礎を育てる時期
5～7月	行動の「共有化」と「活性化」でつながる意欲を育てる時期
9～12月	「つながる力」を活かして課題を解決する時期
1～3月	様々な力と「つながる力」を連動させ，自立に向かう時期

　学級開きからしばらくの間は，「自分とのつながり」や「友達とのつながり」が中心となりますが，年度の後半に差し掛かるにつれて，様々な要素が複合的になっていきます。紙面には「つながる力」を中心に書きましたが，教室で実践する際はできる限りでよいので，様々な力が成長する場になるようにしてほしいと思います。

　各時期の冒頭には「この時期のポイント」を，最後には「ケアの視点」を書きました。学級経営は，それぞれの時期に子どもたちに合わせた指導が必

要になってきます。その時期に何を意識して指導するのか，そしてどうしてもうまくいかない子どもたちをどのようにフォローすればいいのか記しました。

　また私の学級経営の中核には，話合い活動があります。話合い活動で一人一人が自分の思いや願いを伝え合い，それぞれの立場に立ちながら検討する中でよりよい解決方法を考え，そして合意形成を図ります。決まったことは実行され振り返るその過程には，「つながる力」が育まれる機会がたくさんあります。今回は紙幅が限られた中ですが，各時期の状況を想像し具体的に記しました。可能であれば，時期にこだわらず子どもたちの様子に合わせて指導していただければと思います。

【参考文献】

・文部科学省『小学校学習指導要領（平成29年告示）解説総則編』東洋館出版社，2018年
・経済産業省「未来人材ビジョン」2022年，https://www.meti.go.jp/press/2022/05/20220531001/20220531001-1.pdf
・文部科学省「子どもの徳育の充実に向けた在り方について（報告）」2009年，https://www.mext.go.jp/b_menu/shingi/chousa/shotou/053/gaiyou/attach/1286156.htm

第3章

人間関係形成能力を育てる
学級経営365日　3年

春休みにこれだけはやっておきたい事前準備

1 春休みの事前準備で外してはいけない 2つの考え方

（1） これまでを見直し，意図をもった取り組みにする

　春休み中，着々と準備を進める先生を見ると，「自分も何かしなければいけない…」と焦ります。ゆっくり休んでいる先生を見ては「あの先生は経験豊富だから大丈夫だけれど，自分は…」と不安になることでしょう。

　では新年度のスタートを切る前の貴重な春休みという期間に，何をすればよいのでしょうか。

　具体的にやることを考えてみると，教室の整備，新年度に配付するプリント類の準備，学級名簿の作成等，リストにすればざっと30を超えると思います。書店で売られている本のチェックリストを参考にすれば，その数倍に膨れ上がるかもしれません。

　4月から担当する学年を伝えられてから子どもたちが登校するまでの短い時間で，それらのものを処理しようとしたらそれだけで終わってしまいます。私の経験から言えば，全てを完璧に終わらせるのは，かなり難しいのではないかと思ってしまいます。

　それだけ「やること」に追われる春休みだからこそ，意図をもってそれらを精査する必要があります。4月にやっている事前準備が「つながる力」とどのように関わっているか考えていけば，自ずとそれは教師の意図として機能し，積み重なれば子どもたちの姿は変わっていくはずです。

（2） 子どもたち不在の計画はあくまで「案」

　学級開きのセミナーを春休みに毎年のように企画していた時のことです。セミナーのとあるコーナーで，朝の会や帰りの会，係活動や当番活動も含めた学級経営の計画を考える時間が設定されていました。その時参加していた尊敬する先輩の先生から「まだ会ってもいない子どもたちのことを考えながら１年間の計画を私は立てられない。」と伝えられました。

　その言葉に私は衝撃を受けました。

　同時に子どもたちの実態は横に置き，自分の思い通りに進めていこうとする自分に気付き，恥ずかしくもなりました。

　もちろん事前に徹底的に考えることで，考えは深まります。想定外のことが起きても，事前に考えておけば余裕をもって対処できるでしょう。準備をすることは大切なことで，それら全てを否定するものではありません。

　つまり，事前に準備したものが，「目の前の子どもたちにとってどうなのか」と絶えず見直す態度こそが重要になります。事前に準備したもののせいで，目の前の子どもたちが見えなくなってしまっては本末転倒です。少しでも違和感があれば，時間をかけて準備したものをそのまま使わず，子どもたちに合ったものに修正することができれば，事前の準備には意味があると言えるのでしょう。

> **まとめ**
> ・「つながる力」との関わりを考えて，春休みに取り組む
> ・子どもたちと出会ったら修正することを念頭に置き，計画を立てる

2 1年間が充実するために学習内容を チェックするコツ

（1） 普段行う学習や行事と関連付ける

　経験年数が浅い頃，「担任する学年が分かったら春休み中に，教科書の内容をチェックしておくとよいよ。」と先輩の先生からアドバイスをいただいたことがあります。とりあえず教科書の内容を見てみても，初めて担任する学年で，しかも子どもたちの様子が分からないので具体的な指導場面が思い浮かばず，ただなんとなくペラペラとめくって終わったのを覚えています。

　子どもたちの「つながる力」を引き出すためには，そのためだけにテーマを設定して授業を行うのではなく，普段行う学習や行事と関連させて指導することが大切です。

　春休み中に，教科書を見ながら「つながる力」を視点にして学習内容を見直します。

　夏休み前までに行う国語の学習を例にして具体的に見てみることにします。

　国語の教科書の冒頭には詩や文学的な文章が掲載されています。そこでは，話し方や聞き方，音読の仕方などが指導の内容として挙げられています。話し方や聞き方は，友達と関わり，考えを深めていく際，とても重要な作法となります。他の授業でも共通しているものとも言えます。学級開き・授業開きと関連付け，国語の教材を使って指導することができます。

　音読については，毎日の宿題として取り組む方が多いのではないでしょうか。宿題の説明も兼ねて音読教材を取り扱うと効率よく学べます。

　学校行事等へ招待する案内文を書く単元があれば，自分の学校の行事を確認し，取り組む時期を計画します。

　友達へのインタビューの単元は，もう少し仲を深めたいと思う5月や6月頃に取り組めるようにします。

教科・領域間でも関連付けられるものもあります。

社会科の「地域の販売」の学習では，学区内にあるスーパーマーケットやコンビニエンスストアに見学に行くことがあります。国語の報告する文章を書く単元と合わせてまとめると，子どもたちは報告する文章を書く必然性が出てきますし，互いの文章を読んでみたくなるでしょう。

教科書に載っている順番通りに教え，その時になって目的や指導方法を考えるのではなく，上記のように様々なものと関連させてその内容を学習する必然性をもてるようにすることが大切です。

各学校には，学年ごとに年間指導計画が作成されているはずです。それらを手元に用意し，書き込んでいくとよいでしょう。

また，この時に気付いても学校生活を慌ただしく送っていると忘れてしまうということはよくあります。思い出すとちょうどよい時期を考え，スケジュール帳等にメモをしておきます。

（2） 3年生から始まる理科では，単元のまとめでおもちゃづくりを！

3年生の理科では，「風とゴムの力の働き」や「磁石の性質」，「電気の回路」を学習します。どの単元もその面白さに子どもたちは夢中で活動すると思います。

単元の最後では，学習したことを活かして「おもちゃづくり」に取り組むとよいでしょう。子どもたちは自分で考えて色々なものを創作します。回数を重ねるごとに「学習したことを活かす」ことにも慣れ，独創的なおもちゃを作れるようになります。

そうなってくると自然と子どもたち同士で会話が生まれ，新たに工夫したり，作り出したりするようになります。そういったやり取りの中でさらに「つながる力」が引き出されることでしょう。

春休み

4月

5〜7月

夏休み

9〜12月

冬休み

1〜3月

（3） 3年生から始まる社会科では，地域の様子を知ることが始まる

　3年生の社会科では，「身近な地域や市区町村の様子について，学習の問題を追究・解決する活動」を行います。身近な地域では学区内の様々なところに出かけ，実際に見たり聞いたりしながら学習を進めていくことになります。友達や地域の方とつながる中で，学習はさらに充実していくことになるでしょう。

　学習を支えるアイテムとして，学区の白地図を事前に用意しておきます。学校によっては，データ化されたものが保存されていると思います。子どもに配付したり，拡大して教室に掲示したりできるかどうか確認しておくとよいでしょう。一人一台配付されている端末を上手に利用する方法もあります。

　「身近な地域の様子」についての学習が充実すると，その後学習する「市区町村の様子」や「生産や販売の仕事」，「地域の安全を守る働き」にも活かされてきます。学習の進め方や白地図の使い方について，見通しをもつとよいでしょう。

（4） 3年生から始まる総合的な学習の時間をイメージする

　総合的な学習の時間の位置付けについては，学年である程度テーマが決まっていたり，学級の裁量に任せられたりと各学校で様々だと思います。まずは自分の学校が総合的な学習の時間をどのように計画し，位置付けられているか確認する必要があります。

　また，総合的な学習の時間は①「課題の設定」，②「情報の収集」，③「整理・分析」，④「まとめ・表現」といった探究のプロセスがあり，学習活動を発展的に繰り返すことを重視しています。

課題の設定	日常生活や社会に目を向けた時に湧き上がってくる疑問や関心に基づいて，自ら課題を見付けて設定する。
情報の収集	そこにある具体的な問題について情報を収集する。
整理・分析	収集した情報を整理・分析したり，知識や技能に結び付けたり，考えを出し合ったりしながら問題の解決に取り組む。
まとめ・表現	明らかになった考えや意見などをまとめ・表現する。

※「小学校学習指導要領（平成29年告示）解説総合的な学習の時間編」をもとに筆者が作成

　これらのプロセスを進めていく中で，子どもたちが様々な人と関わり，学習の課題を解決していくことでしょう。課題解決を通して人とつながり，「つながる力」が引き出されることを考えれば，総合的な学習の時間が充実することはとても重要なことと言えるでしょう。

　春休み中に，自分の学年やクラスがどのように取り組んでいくか考えておきます。その際，テーマに詳しい方が地域にいないかどうか，同僚や管理職の先生方と確認しておくと，活動がさらに充実するでしょう。

（5）　教材を新たに注文するリコーダーや習字セット，絵の具セット

　上記の新しく始まる教科・領域に加えて，学校にもよりますが，音楽ではリコーダー，書写の時間には習字セット，図工の時間には図工セットを使用します。

　それぞれ以下の内容について事前によく確認しておくとよいでしょう。

・いつ使用するのか
・取り扱い業者と注文方法の確認
・保護者へ知らせるプリントの内容
・保管場所と使用上のルール（道具の洗い方等も含む）

最近は，学校で一括して注文せずに，希望する保護者の方のみの注文を受け付けたり，ネットで直接，業者に注文，購入したりするようになってきています。

　また，授業参観や懇談会に合わせて，見本品を展示するような場合もあります。どの方法を取るにせよ，見通しをもって準備し，適切なタイミングで保護者の方にきちんとした情報が届くようにするとよいでしょう。

まとめ

- ・「つながる力」を視点にして教科書を読み，学習や行事と関連付ける
- ・理科のおもちゃづくりで友達とつながる機会を演出する
- ・社会で学区の白地図を用意したり，総合的な学習の時間で見通しをもったりして様々な人とつながれるようにする
- ・新たに注文する教材を確認する

【参考文献】
・文部科学省『小学校学習指導要領（平成29年告示）解説理科編』東洋館出版社，2018年
・文部科学省『小学校学習指導要領（平成29年告示）解説社会編』東洋館出版社，2018年
・文部科学省『小学校学習指導要領（平成29年告示）解説総合的な学習の時間編』東洋館出版社，2018年

児童の引き継ぎのポイント

（1） 視点を決めて子どもの情報等を聞く

　何かと忙しい時期だからこそ，子どもの情報については視点を決めてなるべく短い時間で情報を整理できるとよいです。例えば以下のような視点です。

・健康上，配慮すること（アレルギー対応含む）

・最初の一週間，１ヶ月で対応に困りそうな子ども

・丁寧な対応が必要な保護者

　対応を絶対に間違えていけないこと，対応を間違えるとリスクが高いことに情報を絞ることで時間を短縮します。上記のこと以外の情報については，今後の学校生活を送りながら聞くようにします。

（2） 集団の特徴も合わせて聞く

　子ども一人一人の情報も大切ですが，その子どもたちが集まった時の特徴も合わせて聞きます。「教師への反応がよい」「細かく指示を出すとよい」といったような，１年間以上一緒にいて分かっていることについてはあらかじめ聞いておくと，スムーズにスタートすることができます。

> **まとめ**
>
> ・視点を決めて子どもの情報等を聞く
> ・集団の特徴も合わせて聞くとスムーズなスタートが切れる

春休み

4月

5〜7月

夏休み

9〜12月

冬休み

1〜3月

4 「つながる力」を育む教室環境の整備

（1） 適切に指導，支援するために必要なこと

　ある時，教室内で子どもの持ち物がなくなったとします。それはその子どもの持ち物の管理が悪いのか，誰かが嫌がらせとして隠したのかが分かることがその後の指導にとっては大切なことです。そのためには，普段からある程度，整理整頓しておくことが重要と言えます。

　そのようなことがきちんと指導されるクラスでは，子どもたちは安心して教師や友達と「つながろう」とするでしょう。鹿嶋（2020）は，教育的機能を果たしにくい学級と果たしやすい学級の状況のうち，教室内の物理的環境について以下のようにまとめています。

教育的機能を果たしにくい学級	教育的機能を果たしやすい学級
教室が汚れている	教室がきれい
黒板が汚れている	黒板がきれい
机や椅子が乱れている	机や椅子が整っている
机の中が乱れている	机の中が整理整頓されている
ロッカーが乱れている	ロッカーが整理整頓されている
掲示物が古い情報のまま破けている	掲示物が新しい情報に更新されながら綺麗に貼られている
カーテンが乱れている	カーテンが整っている
支援が行き届きにくい座席になっている	支援がしやすい座席になっている
〈減らしたい行動や場面〉	〈増やしたい行動や場面〉

※鹿嶋（2020）をもとに，筆者が作成

教育的機能を果たしていないから，教室内の物理的環境が荒れるのか，教室内の物理的環境が荒れているから教育的機能が果たしにくくなるのかは，鶏と卵のような関係で，どちらが先とは言い難いものがあります。

　しかし，子どもたちの些細な変化を見取り，適切に指導や支援をしていくためには，教室の物理的環境が整っていることは必要と言えます。

（2）　春休みにやっておくべき4つの教室環境整備

　1年間，教室がある程度，整理整頓され続けるためには，子どもたちが登校する前に細かくシミュレーションし，混乱なく4月を送ることが大切です。私は4つの教室環境については必ず春休み中に整えるようにしています。

①ゴミ箱の位置

　私はクラスに入る子どもの机や椅子の数，給食で使用する配膳台の位置や学級文庫の位置を考慮に入れながら，まずゴミ箱の位置を決めます。

　教室にゴミが落ちていた時，ゴミが捨てづらいような環境であれば，子どもたちは見て見ぬふりをするでしょう。ゴミ箱の前には広めのスペースがあり，どの通路を通ってもアクセスしやすい位置を考え，ゴミ箱を設置します。

②座席の並べ方と位置

　教室で活動をする際，子どもたちの距離が近すぎるとストレスになりトラブルが起きやすくなります。通路を歩いている時も同様で，机や座っている人にぶつからないよう，机と机の間の通路の幅も適切な間隔になるようにします。

　また座席の前列の位置が廊下から入ってくる扉よりも前に出ないようにします。そうすることで，動線がすっきりとし，快適に過ごせるでしょう。同様に後ろの扉と後ろの座席の位置も確認します。子どもたちの人数の関係で難しい場合は，扉の前だけ座席を置かないようにし，廊下から入ってきた子どもとぶつからないようにします。

　机の並べ方や位置が決まったら，実際に教師が子どもの席に座って周囲を

春休み

4月

5〜7月

夏休み

9〜12月

冬休み

1〜3月

眺めてみます。黒板が見えづらかったり，掲示物はどの高さまで見えたりするかを確認します。あまりに過ごしにくいようでしたら，もう一度，ゴミ箱の位置から考え直します。この時期の1時間を惜しむことが，その後の1年間を棒に振ることになります。面倒でも丁寧にシミュレーションします。

　座席の位置が決まったらどの子どもにも分かる方法で印をつけます。

　床に直接書く方法はどの子どもにとっても分かりやすいですが，年度末に消す作業が増えます。また子どもたちの登校後，変更するのにも少々手間がかかります。

　壁に印をつけておき，床のタイル等の線に沿って揃える方法もあります。簡単に印がつけられたり，変更したりすることができますが，座席の位置が子どもによっては分かりづらいこともあります。

　子どもたちに合った方法で決めるようにしましょう。

③教室の掲示物の位置を決める

　1年を通して，教室内には様々なものを掲示します。それらが「ただ貼っているだけ」とならずに意味のあるものとして機能するためには，子どもたちの目線にきちんと掲示してあることが大切です。

　例えば，授業中に友達同士で相談するルールについて書かれた画用紙は，どの席からも座った状態で確認できる位置に掲示されている必要があります。子どもたちが学年だよりに載っている予定表を見て，声をかけ合いながら全校朝会に向かうためには，朝，登校して支度が済んだ後，子どもたちが確認しやすく，また次の行動に移しやすい場所に掲示してあるとよいでしょう。

　それらのものは単体で考えるのではなく，互いのものが干渉しないようにしながら分かりやすく掲示できるよう計画を立てるとようにします。

　ここ数年，私は書写で書いた習字の作品を教室内に掲示しなくなりました。学習した書写の作品は必要に応じて手元で確認できるようにすれば，常時掲示しておく必要はないと考えたからです。書写の作品を掲示する手間がなくなり，その分，自分のやるべきことに時間を使えるようになったなと実感し

ています。

④子どもたちが自由に使える用具置き場を設置する

　私は右の写真のように，小さな棚にいろいろな種類のマス目が書いてあるプリントを入れておき，子どもたちが友達と力を合わせて活動する時に，自由に使うことができるようにしています。

　マス目が書いてあるプリント以外にも活動する時に使いそうな用具を入れておくとよいでしょう。

まとめ

- 些細な変化を見取り，適切に指導，支援するために教室環境を整える
- ゴミ箱はアクセスしやすい，広めのスペースがある場所に設置する
- 快適に生活しやすい座席の並べ方や位置を考える
- 掲示物がどのように効果を発揮しているか考えて計画を立てる
- 子どもたちが自由に使える用具置き場を設置する

【参考文献】
・鹿嶋真弓「だれもができる学級崩壊未然防止策〜頑張っている先生へのエール〜」『授業づくりネットワーク No.36』学事出版，2020年

春休み

4月

5〜7月

夏休み

9〜12月

冬休み

1〜3月

2 1年間を見据えて まずは「つながる力」の 基礎を育てる

4月

最初の一歩は，安心・安全な教室を作り出すこと

（1） 何より教師の笑顔が大切

　書籍や雑誌で学級開きについて語っている多くの実践家が，この時期大切なのは，「教師が笑顔でいること」と書いています。教師が笑顔でいることで子どもたちに安心感を生み，クラスに楽しい雰囲気を生み出すことがその主なねらいです。

　新型コロナウイルス感染症が世界中に広がり，学校現場ではマスクの着用を強いられました。その対応に翻弄されいつの間にか忘れていましたが，教室でマスクを外してもよいことになり迎えた学級開きで，私の伝えたいことが伝わる感触に，教師の表情が大切なことを私は何より実感しました。

　それを実感するようになってからは，食事をしている時や廊下を歩いているような時も含めふとした瞬間も常に笑顔でいるように心がけました。

　ある時，提出されている宿題のノートを見ていたら，通りすがりの子どもに「先生，機嫌がいいね！」と言われました。マスクを外してから自然に笑顔でいるようになっていたのでしょうが，その言葉で「子どもたちはどんな時も教師の顔を見ている」ということに気が付きました。

　そう考えると，「笑顔でいる」ということはとても重要なことと言えるでしょう。

（2） 何をすればいいのか，分かりやすく説明する

　多くの子どもが，3年生のスタートを「うまくやっていきたい！」と願っているはずです。子どもたちとしては「何をすればいいのか」が分かっていれば，一生懸命，そのことに取り組みたいはずです。

　子どもたちが取り組んでできたことは些細なことでもきちんと認め，次の課題を示します。それを繰り返すことで子どもたちはどんどん伸びていこうとするでしょう。

　その際，「先生の顔を見て，しっかり話を聞こうとしている人がいますね。聞く人のやる気で先生もやる気が出てきます。ありがとう。」と教師の気持ちとセットで伝えることで，子どもとの人間関係が育まれていきます。

（3） 見通しをもてるようにする

　子どもたちがしっかりと取り組んでいることを認めたら，同時にその力が今後，どのように役に立っていくか説明します。今，頑張っている先に何があるか子どもたちが理解することで，その活動を意欲的に取り組むようになります。

まとめ

- ・どんな時も笑顔を心がけて生活する
- ・何をすればいいか理解できるよう，分かりやすく説明する
- ・今頑張っていることの先に何があるか説明し，見通しをもたせる

春休み

4月

5〜7月

夏休み

9〜12月

冬休み

1〜3月

教師のクイズ形式自己紹介で子どもとつながる

（1） STEP1　担任の自己紹介をクイズ形式にして安心感を生む

　子どもたちの「つながる力」の基礎を育てるためには，そのクラスのリーダーである教師が安心できる存在であると子どもたちが感じる必要があります。担任になった多くの先生は，教室でまず，自己紹介をすると思います。子どもたちとの最初の一歩を子どもたちが参加できるクイズ形式で行い，楽しい雰囲気の中，自己紹介をしてはいかがでしょうか。

　問題は，選択肢を作り，「①だと思う人はいますか？　②だと思う人は…」と聞くことによって全員が参加できるようにします。

　クイズの正解を発表する際，「先生の得意な教科は○○です。小学校の先生の教え方が上手で苦手だったものが得意になりました。みんなにとって自分もそういう先生になりたいなと思って頑張ります！」等と伝えて，一つ一つのクイズに子どもたちへのメッセージを込めるとよいでしょう。

（2） STEP2　クイズへ参加している態度に注目する

　選択肢を提示したクイズにするならば，必ず手を挙げる機会があります。その際，手の挙げ方を褒め，クラス全体でその価値を確認します。選択肢ではなく，一人ずつ答えを言っていくような場合は，事前に「○○だと思います。どうしてかと言うと～」というような話型を提示し，それを使って話をするように促します。その他にも，「話を聞く際，話し手の方を向いているか」「話をする際，友達の方を向いているか」等を確認してもよいと思います。楽しい雰囲気を大事にし，「ここで確認しなくても，後の機会で確認してもよい」という気持ちをもちながら，１年間，大切にしたいクラスでの作法を上手に織り交ぜることができるとよいでしょう。

（3） STEP3　クイズへの参加意欲を見取り，今後の指導に活かす

　１年間，そのクラスで担任する教師という存在を知り，子どもたちが安心するために行う自己紹介クイズですから，子どもたちがどのくらいの意欲で参加しているかしっかりと見取ることが大切です。

　姿勢が崩れていたり，他のことをしようとしていたりと子どもたちは様々な態度をとるでしょう。事前にしっかりと想定し，どのように関わるとよいか考えておくとよいでしょう。

まとめ

> STEP1：担任の自己紹介はクイズ形式にして楽しい雰囲気を演出！
> STEP2：子どもたちの参加する姿勢を評価する
> STEP3：子どもたちの参加意欲を見取り，今後の関わり方を考える

2 教師と子ども，子ども同士がつながる
ミニゲーム

（1） STEP 1　ミニゲームで教師と子ども，子ども同士がつながる

　クイズ形式の自己紹介で担任の先生のメッセージを受け取った子どもたち
と，ミニゲームで一緒に体を動かしつながるようにします。

①息を合わせて！まねっこ手たたきゲーム

　教師と子どもたちが同じ動きをすることによってつながるゲームです。

> 　これから「息を合わせて！まねっこ手たたきゲーム」をします。先
> 生が今から手を叩きますので，先生の動きを見ながら，一緒に手を叩
> きましょう。先生が手を止めた時は，叩かないのがポイントです。

　最初は教師がゆっくり動き，子どもたちが動きに合わせて手を叩きやすく
します。上手にできていたら「いいね！」「よっ！」などの声掛けでリズム
を作っていくとよいでしょう。のってきたところで，突然，手を止めるとリ
ズムにのっている児童は手を叩いてしまいます。「つられませんでしたね」
等と声掛けをしながら楽しむとよいでしょう。

②何回続くかな？呼吸を合わせて！手たたきゲーム

　今度は，子どもたち同士がタイミングを計りながら手を叩くゲームです。

> 　今度は，みんなで呼吸を合わせて手を叩くゲームをします。先生が
> 最初だけ，「せーの！」と声を掛けるので，タイミングを合わせて，
> 1回手を叩きましょう。手を叩いたら，次は間を開けて2回，3回と
> 数を増やしていきます。手を叩くタイミングがズレたら終わりです。

一番最初の教師の「せーの！」の掛け声以外は，間を読みながらみんなで手を叩いていきます。数が増えてくると次は何回，手を叩けばいいか分からなくなる中で，間違って多く手を叩いてしまい，アウトになるゲームです。

　事前に失敗することが前提のゲームであること，間違ってしまったらみんなでフォローする声掛けをすることを確認するとよいでしょう。

（2）　STEP2　ミニゲームをしばらくの間，定期的に取り組む

　ミニゲームがその日，楽しむだけのものにするのは少々，もったいないです。せっかく馴染んできたミニゲームは，定期的に取り組むことで「つながる力」の基礎を育てることなります。例えば「②何回続くかな？呼吸を合わせて！手たたきゲーム」は，朝の会で，毎日，取り組むことができます。カレンダー等に回数を記録していくと，記録の伸びが分かります。

　記録が伸びて子どもたちが満足したところで，ミニゲームの日常的な取り組みをやめることも最初に確認しておくとよいでしょう。

（3）　STEP3　ミニゲームにミスはつきもの!!

　ミニゲームにミスはつきものです。「つながる」きっかけを作るために取り組んだミニゲームで互いを責め合っては本末転倒です。ミニゲームをきっかけに「ミスをしても次の機会で頑張ればいいこと」「ミスをして落ち込んでいる人に寄り添える気持ちが大切なこと」を確認できるとよいでしょう。

まとめ

STEP1：ミニゲームで体を動かし，教師と子ども，子ども同士がつながる
STEP2：ミニゲームを定期的に取り組めるようにする
STEP3：ミスから立ち直る，フォローする態度を育てる

春休み
4月
5〜7月
夏休み
9〜12月
冬休み
1〜3月

③ プリント等を渡す際の言葉遣いは つながる第一歩

（1） STEP 1 教師にプリント等を渡す際の言葉を確認する

　新しいクラスが始まり，しばらくの間，教師へ書類を提出したり子どもたちへ配付したりすることが多くあります。効率的にそれらのやり取りをしながら，数多くあるやり取りを「つながる力」の基礎を育てる機会と捉え，指導をしていくと，子どもたちは格段に成長していきます。

　子どもたちには上のような絵を見せながら，「先生にプリントやテストを渡すとき，今までどのように渡してきましたか。」と子どもたちに問いかけます。子どもたちは以下のように答えるでしょう。

　　・「どうぞ」　　・「お願いします」　　　・「見てください」

　ある時，「どうぞよろしくお願い申し上げます。」と丁寧すぎる言葉で教室が笑いに包まれました。子どもたちの考えを聞いた後で以下のように確認します。

> 　プリントやテストをもらう時，みんなが一言添えてくれると，先生は「頑張ろう！」とやる気になります。逆に投げるように渡されると，悲しい気持ちになります。先生や友達にプリント等を渡す時には，一言添えて，渡すようにしましょう。

春休み
4月
5〜7月
夏休み
9〜12月
冬休み
1〜3月

（2） STEP2　友達とプリントを受け渡す際の言葉を確認する

　教師にプリント等を渡す時の言葉遣いについて確認したら，友達同士でプリント等を渡す時の言葉遣いについても確認します。有名な実践として，有田（2011）の「どうぞ」「ありがとう」の実践があります。

　以下のように子どもたちに話をします。

> 　渡す相手が何をしているか確認せずにプリント等を渡すと，プリントが相手の顔に当たったり，渡し忘れがあったりします。プリントを渡す時は，「どうぞ。」と言って相手の目を見て渡しましょう。もらった人は「ありがとう。」と言いましょう。

　低学年向けとして発信されていますが，「つながる力」の基礎を育てるこの時期に3年生でも教えるべき内容と言えます。

（3） STEP3　コミュニケーションの基本は，相手の目を見ること

　一言添えて渡すことに慣れてくると，それらが「作業」になってしまい，雑に渡すようになってしまうことがあります。子どもたちの様子から「相手の目を見て渡しているか」観察し，提出する前に確認したり，よい姿を共有したりするとよいでしょう。

まとめ

> STEP1：教師にプリント等を渡す時の言葉を確認する
> STEP2：子どもたち同士でプリントを渡す時の言葉を確認する
> STEP3：子どもたちが相手の目を見て渡しているかどうか確認する

【参考文献】

・有田和正『有田式教壇研修の方法』明治図書，2011年

4 「ふわふわ言葉」でつながる言葉を整える

（1） STEP 1　ふわふわ言葉・チクチク言葉で言葉遣いを確認する

　プリント等の受け渡しの際の言葉遣いを意識して取り組むようになったら，以下のように子どもたちに語りかけます。

> 　言葉には力があります。言われると嬉しくなったり，元気が出たり，心が温かくなる言葉を「ふわふわ言葉」，逆に悲しくなったり，イライラしたりする言葉を「チクチク言葉」と言います。

　その後，どんなチクチク言葉があるか子どもたちに発表させ，黒板に板書していきます。途中，「チクチク言葉」を聞いて笑ったり，ふざけてしまったりする場合があります。「心が麻痺すると，チクチクと感じずに面白く感じてしまうことがあります。そう感じる人は，『チクチク言葉なんだな』と自分で強く確認するとよいですね。」真剣な顔で語り，教室に「チクチク言葉はいけない」という雰囲気を作り出しましょう。

> 　考えられるチクチク言葉を出し終えましたね。今からこの言葉を消します。これからはこの教室ではこれらの言葉を使わないようにしましょう。

　そう子どもたちに投げかけ，黒板の文字を消していきます。

　消し終えたら，ふわふわ言葉を子どもたちに発表させ，模造紙にまとめていきます。まとめ終えたら，子どもたちと声に出して一つ一つ読み上げ，次のように伝え，授業を終えます。

春休み

4
月

5〜7月

夏休み

9〜12月

冬休み

1〜3月

　声に出してみると，心がふわふわしてきましたね。これからも「ふわふわ言葉」を使って，お互いのことを大切にしていきましょう。

（2）　STEP2　教室に「ふわふわ言葉」を掲示し，意識できるようにする

　子どもたちと確認した「ふわふわ言葉」は教室内に掲示し，いつでも確認できるようにします。新たな「ふわふわ言葉」を見つけたら模造紙に書き加えるようにし，定期的に振り返るととよいでしょう。

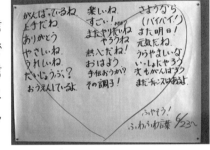

（3）　STEP3　日常で使っている姿に注目し，共有する

　「ふわふわ言葉」は，使うタイミングや声のトーン，表情もまた大切です。クラス全体で確認し，その言葉がけにどのような意味があるか考える機会をもつと，さらに活動が深まります。

> **まとめ**
>
> STEP1：「ふわふわ言葉」「チクチク言葉」を確認する
> STEP2：「ふわふわ言葉」を掲示する
> STEP3：具体的な場面をとりあげ，子どもたちと確認する

【参考文献】
　「ふわふわ言葉・チクチク言葉」の実践については以下の文献を参考にした。
・國分康孝・國分久子総編集『構成的グループエンカウンター事典』図書文化社，2004年

5 日直の仕事を絞り，クラスの友達とつながる

（1） STEP 1　日直の役割を明確にし，自信をもって声を出す子どもを育てる

　ある時，晩御飯を食べていると，長女が「明日，日直なんだ。」と楽しみに話しかけてきました。それを聞いた次女が「私は明後日。」と答えました。その会話を聞いて，子どもたちにとってクラスの代表として司会をする日直という仕事は，「誇り高き仕事」なのだなと感じました。

　しかし，実際は，毎日のことですので，「なんとなく」で流されてしまいがちではないでしょうか。日々の生活の中で日直の子どもの言った言葉をクラスの友達がきちんと受け止めることは，「つながる力」の基礎を育てる大切な場となります。

　そのためにはまず日直の子どもが「クラスの友達に聞こえるよう，明るく大きな声で話をすること」が大切です。そこで，日直の仕事は，授業開始時や終了時の挨拶や朝の会や帰りの会の司会のみとし，そのことに集中できるようにします。

　4月当初から，そういった姿で日直ができる子どもがいる一方で，うまくできない子どももいます。国語の音読指導やその他の場面も使って指導し，成長を一緒に喜ぶようにします。子どもたちが不安に感じているようであれば，下の写真のように日直のセリフを書いたものを用意し，しっかり読み上げることから始めるとよいでしょう。

　クラス全体に向けてはっきり話をする力が育ってくれば，子どもたちが司会をして話し合うこともまたできるようになります。輪番で回ってくるその機会を大事にし，子どもたちが成長できるようにしていきましょう。

（2） STEP2　朝の会や帰りの会で協力して片付ける場を設定する

　日直の仕事を限定すると，それ以外のちょっとした雑務をどうするかといった問題が出てきます。それらは子どもたちが分担して取り組むようにします。例えば以下のようなものです。

・特別教室（図工室や体育館）の鍵を借りに行く
・教室の窓の開け閉め
・集めたノートや宿題等を配付する
・黒板に書いてある日付等を変更する
・教室から移動する時，照明を点灯・消灯したり扉を閉めたりする

　その他にも，給食当番表や掃除当番表の変更，時間割を記入したものを新しくする，植物の世話等，クラスの実態に応じて設定するとよいでしょう。

　上記のものを，座席の近い者同士で組織した生活班で順番に担当できるようにします。そうすることで，学年が上がった時には，輪番で担当しなくても気が付いた子どもが取り組むようになるでしょう。

（3） STEP3　相手意識をもたせる

　明るく大きな声で話をするように指導すると同時に，友達の様子を見て話す内容を変えられるように指導します。授業の挨拶の際，友達が落ち着いた状態になっているか確認したり，クラスが騒がしければ「静かにしましょう。」と伝えたりするようにします。

まとめ

STEP1：日直の仕事で明るく大きな声で話をする力を身につけさせる
STEP2：その他の雑務は，生活班で取り組む
STEP3：日直の仕事では，相手意識をもてるように指導する

春休み
4月
5〜7月
夏休み
9〜12月
冬休み
1〜3月

6 まず教師が的確に課題を捉え, 声掛けを変える給食当番

(1) STEP 1 共通の課題と協働の課題を意識させる

　基本的に当番の仕事は「つながる力」が必要ですが, よく見ると子どもたちが個人的に取り組みその質が上がることでクラス集団の利益になる共通の課題と, 一人ではなかなかできないため, 子どもたち同士が力を合わせて取り組むことで成果を出す協働の課題に分けることができます。例えば以下のような内容です。

○共通の課題
　・白衣を素早く着替える
　・給食当番として集合する
　・分担の仕事を一人で行う

○協働の課題
　・食缶を運ぶ
　・配膳台の上で盛り付けの準備や
　　食後の片付けをする

　共通の課題については個人の技量を中心に考えます。例えば, 全体的に白衣を素早く着替えることができていない状態だとします。多くの場合, 「素早く着替えましょう。」と呼びかけ, それでも遅い子どもに指導していることと思います。しかし, 「授業終了後の片付けに手間取ってしまう」「白衣のボタンを留めるのが苦手」「着替える途中で友達とついついふざけてしまう」など素早く着替えられない理由は様々です。それぞれの理由を見取り, 指導の仕方を変える必要があります。

　一方で, 協働の課題については, 友達との力の合わせ方でその成果が決まります。いくら力持ちでも, 食缶を二人で運ぶ時は相手と呼吸を合わせて運ばなければいけません。「相手に合わせる力」も同時に必要になってきます。

　「つながる力」の基礎を育てるためには, 「○○しなさい！」と頭ごなしに指導するのではなく, 「どうすれば子どもたちの課題が解決するか」と考えながら指導することが大切になります。

（2） STEP2　給食当番表を作る

　3年生から「教室前に給食が運ばれず，給食室まで取りに行く」「各クラスに配当されるしゃもじの数が2つから1つになる」等，給食当番に任せられる仕事のレベルが上がることがあります。それまで慣れ親しんだシステムからの変更は，子どもたちに混乱を生みます。

　私は G.W. までの期間は右のような簡単な表を作成し，仮の当番表として教室に張り出すようにしています。子どもたちと取り組みながら必要なところは適宜，修正し，この分担で大丈夫だろうと見通すことができたら，「ルーレット式」等子どもたちが自分たちで当番表を管理できるような形にしています。

4月○日〜			
やくわり	名前	やくわり	名前
食き 1	A	食き 2	B
おぼん 3	C	おぼん 4	D
牛にゅう 5	E	牛にゅう 6	F
パンごはん 7	G	パンごはん 8	H
小おかず 9	I	小おかず 10	J
大おかず 11	K	大おかず 12	L
ペーパー 13	M	ペーパー 14	N
はいぜん台	O	はいぜん台	P

（3） STEP3　給食当番の取り組みの質は丁寧さとスピードで決まる

　給食当番の取り組みの質は，丁寧さとスピードで決まります。丁寧すぎるあまりゆっくりやっていたり，逆にスピードを上げようとするあまり，雑になると仕事の質としては落ちます。2つのバランスが重要なことを子どもたちと確認するとよいでしょう。

> **まとめ**
>
> STEP1：給食当番の取り組みを，共通の課題と協働の課題として捉える
>
> STEP2：給食当番表は当面，仮のものを作成し，適宜，修正する
>
> STEP3：給食当番の取り組みの質は，丁寧さとスピードで決まる

7 「当たり前」が「特別」になる掃除当番システム

（1） STEP1 掃除当番は突き詰めると個人で働く時間

　掃除当番は，給食当番と違い，「協力しなければ取り組めない」ものがほとんどありません。例えば箒でゴミを集める分担の子どもが手を抜いていたとしても，雑巾の分担の子どもがきちんと拭き取っていれば教室は綺麗になります（その逆もまた，綺麗になります）。机を運ぶ分担の子どもがあまり運ばなかったとしても，多くの場合，複数人がその分担になっているため，「机が運ばれない」という事態は起きません。

　短絡的に自分の利益を追求するならば，「バレないように手を抜く」ことが最も効率のよい方法になるよう，システムが構築されていると言えます。クラスの多くがきちんと取り組むべき掃除当番に対し手を抜いていたら，「つながろう」という意欲は生まれてきません。そうならないためには，掃除の時間を「自分を高める時間」と捉え，右のようなマニュアルを作成し，掃除の技術を身につけられるようにします。マニュアルには取り組むべきことを明確にし，掃除をした後，どのような状態になるとよいか具体的にするとよいでしょう。

```
3年○組　教室

ぞうきんそうじマニュアル

        そうじのポイント
①  スタートのいちは正しいか？
②  おりかえすばしょは正しいか？
③  ぞうきんのたたみ方は正しいか？
④  ゴミばこ、オルガン、はいぜん台をうごかしても
    ゴミはないか？
⑤  教たく、TVのうら、黒ばんの下、ロッカーの近
    くにゴミはないか？

ぞうきんのたたみ方
①        ②        ③

                    ↑この大きさ
```

（2） STEP 2　掃除の仕方を動画で保存し，いつでも見返せるようにする

　年度の初めに掃除の仕方を確認しても，だいぶ後になって自分が分担することになると，掃除をする際のポイントを忘れてしまうことはよくあります。そこで，掃除の仕方を説明する時に，以下の手順で動画を作成します。

---

①マニュアルをもとに教師が子どもたちに手本を見せながら説明する。

②説明通りに子どもたちができるかどうか確認し，動画を撮影する。

③動画をドライブ上等に保存し，いつでも見返せる状態にする。

　掃除に取り組む子どもたちの様子を見ながら，適宜，動画を見返すように声掛けをします。また，上手にできている友達の様子を観察させると格段に掃除の技量は上がります。

（3） STEP 3　「やらされる」掃除から「自分からやる」掃除へ

　一人一人がやるべきことが見えてくると，取り組みの質が上がります。きちんとやることが当たり前になると，「どうしたらもっと効率よく，綺麗にすることができるのだろう」という気持ちが湧いてきます。

　気分が乗らなかったり教師が教室にいなかったりしても当たり前のように取り組むことができれば，それは特別な姿となります。「どんな時も当たり前にできるのは特別なこと」であることを確認するとよいでしょう。

まとめ

STEP 1：「掃除の時間に何をすればいいか」明確にする

STEP 2：掃除の仕方は，動画で保存しいつでも見られるようにする

STEP 3：「先生がいない時にできるか」が大切

自分の得意なことでつながる係活動

（1） STEP1　自分から取り組めるようにする

　係活動について，『小学校学習指導要領（平成29年告示）解説特別活動編』には以下のように示されています。

　係活動は，学級の児童が学級内の仕事を分担処理し，児童の力で学級生活を楽しく豊かにすることをねらいとしている。したがって，当番活動と係活動の違いに留意し，教科に関する仕事や教師の仕事の一部を担うような係にならないようにすることが大切である。

　「5　日直の仕事を絞り，クラスの友達とつながる」の中で，日常の雑務は生活班で分担することを述べました。それら以外でクラスが「楽しく豊かになること」を目的に係で活動することを子どもたちと確認し，以下のように条件を設定することを伝えます。

---

①一人1つ以上の係に所属すること（複数の係に所属することも可）
②係は3人以上で構成すること
③活動途中での加入，脱退は可能とすること。ただし，メンバー全員の承認を確認し，担任に報告すること
④係の設立，解散も自由にできる。ただし，メンバー全員の承認を確認し，担任やクラス全体に報告すること

　1，2年生で様々な係活動を経験していることを活かし，3年生では自分が得意なことや興味があることを考えて，自分から所属する係を選べるようにします。上記の説明をした後，一週間程度子どもたちが考える期間を設定

してもよいでしょう。また所属する係は一人１つと限定し，途中から「複数の係に所属してもよい」と条件を変更するなど，子どもたちの様子を見ながら条件を柔軟に設定します。

（2） STEP 2　所属を明確にする

係と所属メンバーが決まったら右のような画用紙を用意し，係毎に記入します。鉛筆で記入するようにし，メンバーの加入，脱退が行えるようにします。記入した画用紙は子どもの手の届くところに掲示し，自分たちで変更できるようにするとよいでしょう。

（3） STEP 3　係の名前を工夫する

子どもたちが工夫の凝らした係活動に取り組む第一歩としてまず，係の名前を工夫するように伝えます。子どもたちは自分たちが所属する係の名前を話し合いながら，「工夫する」ことを体験的に学ぶことでしょう。

まとめ

STEP 1 ：係活動の目的と設定条件を確認する
STEP 2 ：所属を明確にし，掲示する
STEP 3 ：まず係の名前を工夫する

【参考文献】
・文部科学省『小学校学習指導要領（平成29年告示）解説特別活動編』東洋館出版社，2018年

春休み
4月
5〜7月
夏休み
9〜12月
冬休み
1〜3月

9 **国語の授業開きは音読指導で楽しく声を出す**

（1）　STEP 1　音読の基本は，姿勢・口型・声の大きさ

　学校生活では，大勢の友達の前で自分の考えを発表したり，司会進行をする場面が何度もあります。そういった場面でしっかりとつながれるよう，国語の授業開きで楽しく音読をする活動を通してきちんと声を出すことが大切であることを確認します。

　まず右のような絵を見せて，座っている
際の基本的な姿勢を確認します。教科書を
使って音読する際は，教科書を立てて両手
でしっかり持つことを合わせて確認します。
立って音読する姿勢も同様に確認しましょ
う。

　次に口の開け方を確認します。

　まず最初に教師がしっかりと口を開けて

「あ・い・う・え・お」と言って見せ，子
どもたちも続いて言うように伝えます。「もっとはっきりと口を開けられる
よう，身振りをつけて言ってみましょう。」と呼びかけ，下の図のように身
振りをつけながら子どもたちと一緒に発声します。

　姿勢や口の開け方については，基本型として提示し音読への意欲を削がな
いようにすることが大切です。

（2） STEP 2　早口言葉大会で発声練習！

　姿勢と口型を指導したら，それらを楽しんで確認できるようにするために早口言葉大会を行います。以下のように進めます。

①姿勢・口型・声の大きさに気を付けて，教師が示した早口言葉を 5 分間練習をする。
②希望者はクラスの友達が見ている前で，早口言葉を 3 回繰り返す。
③成功したらシールをもらい，ノートに貼る。

　クラスの友達の前での発表を失敗してしまってもみんなで励まし合うとよいでしょう。休み時間に教師に個人的にチェックを受けられるようにすると，どんな子どもも安心して取り組むことができるでしょう。

〈宛名シールを使ってシールを
手作りすると盛り上がる〉

（3） STEP 3　挑戦する姿勢を評価する

　早口言葉は，失敗することが当たり前です。互いに失敗を受け止め，成長を認め合いながら楽しく取り組むように声掛けすることで，教室が安心・安全，挑戦する場となり，「つながる力」の基礎は育まれるでしょう。

> **まとめ**
> STEP 1：音読の基本は姿勢・口型・声の大きさの 3 つ
> STEP 2：早口言葉大会で発声練習をする
> STEP 3：「何度も挑戦しできるようになる」という価値を共有する

春休み
4
月
5〜7月
夏休み
9〜12月
冬休み
1〜3月

10 算数の授業開きはノート指導で交流しやすくする

（1） STEP1　ノートの書式をある程度揃える

　授業中，ノートの書式がある程度揃っていると子どもたち同士の考えをスムーズに交流することができます。特に算数では，それまでの学習内容を活かして，その日の課題解決に取り組んだり，自分自分で考えたことをもとに友達と一緒に考えを深めたりすることが多く，ある程度ノートの書式が揃っているとよいでしょう。以下のようにしてみてはいかがでしょうか。

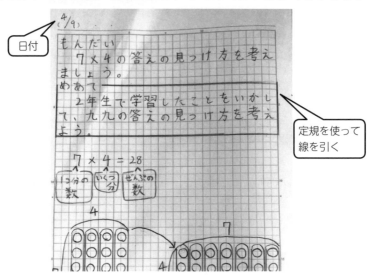

　まず，日付を毎回，ノートの上，同じ場所に書くように指導します。日付を書くことによって，以前学習したことが見直しやすくなります。

　その日の学習の課題やまとめは赤鉛筆を使って線で囲みます。その際，定規を使って書くようにすると，定規で線を引く技能も高められます。他の授業でも，定規を使って線を引くよう指導するとよいでしょう。

（2）　STEP 2　自分の考えを書き加える時間を設定する

　ノートの書式を揃えると，「ノートを綺麗にまとめる」ことが目的になりがちです。ノートは自分の思考を整理し，学習したことを記録する場と位置付けるならば，一人一人のノートは違うものになっているはずです。

　3年生という学年はまだまだ黒板に書いてあるものをその通りに写すので精一杯な子どももいますが，自分の考えをノートに書けるように少しずつ育てていくとよいでしょう。以下のような時間を授業に組み込み，時間を確保するとよいでしょう。

・友達とノートを見せながら自分の考えを伝え合う
・友達のまとめ方で「分かりやすいな」と思うものをノートに書き加える
・友達の考えを聞いて深まった自分の考えをさらに書き加える

（3）　STEP 3　ノートのまとめ方も技能と捉える

　「ノートを綺麗にまとめる」ことは本来の目的とは違いますが，ノートを綺麗にまとめることで，思考が整理されるとすればそのまとめ方を技能として捉え，指導する意識を教師がもたなければ，能力の高い子どもだけが思考が整理されることになります。

　友達と交流したり，ノートにまとめる時間を設定したりする中で，ノートにまとめ，思考を整理する技能は育っているか，確認するようにします。必要に応じてどのように書くとよいか，クラス全体で共有するとよいでしょう。

> **まとめ**
>
> STEP 1：ノートの書式はある程度揃える
> STEP 2：自分の考えを書き加える時間を設定する
> STEP 3：ノートのまとめ方も技能と捉えて指導する

理科の授業開き・自然観察で友達との
適切な関わり方を知る！

（1）　STEP 1　「発見」をキーワードに自然観察をする

　3年生で新しく始まる理科や社会は，どちらの教科も最初に「自分で発見する」ところから学習が始まっていきます。いつもの授業より自由に活動する時間があるので，設定を間違うと子どもたちは不適切な関わり方をしてしまいます。

　理科を例にして具体的に考えると，3年生のスタートは，「春の生き物探し」から入ることがほとんどではないでしょうか。そこで「学校にある春の生き物にはどのようなものがあるか調べよう」という課題を，「発見できるかな？」と投げかけ，以下のような流れで学習を進めることを説明します。

---

①学習の課題や活動場所，春の危険な生き物を確認する。

②一人一台端末を持って，「発見」した生き物の写真を撮る。

③活動は個人で行うが，偶然，友達と一緒になった時は，譲り合いながら写真を撮る。

④時刻になったら，集合場所に集まる。

　活動を始めると，課題よりも友達と一緒にいることを優先したり，自分が発見したものを友達に見せないようにしたりすることがあります。「クラスでたくさんの種類の写真を集めること」「一つ一つの写真には詳しい情報が必要なこと」など，授業の目的をまず明確に示します。その上で，友達との望ましい関わり方を具体的に例示しながら伝えるとよいでしょう。

　必要に応じてワークシートを用意し，写真を撮る際に形や匂い，手触りや場所等の「発見ポイント」をメモするようにします。

（2） STEP２　ロイロノートを使って情報の集約をする

　撮ってきた写真を集約していきます。ここではロイロノートを使った実践を紹介します。以下のように学習を進めます。

---

①子どもたちが撮ってきた写真を提出機能を使って集める。

②共有機能を使って，お互いの写真を見られるようにする。

③「共有ノート」に子どもたちとログインし，教師用の端末は TV 画面に映し出す。（児童は「閲覧のみ」の設定）

④一人ずつ発見したものを発表する。教師はあらかじめ用意した学校の地図に提出した子どもの写真を貼り付けていく。

　子どもたちが操作に慣れていれば，共有ノートを子どもたちと一緒に編集した方が早く済みます。発表の際，端末を見るのか，TV 画面を見るのか，友達の表情を見るのか，子どもたちの実態に応じて決めるとよいでしょう。

（3） STEP３　子どもたちが何と向き合っているか観察する

　「適切に友達と関わることができているか」以外にも，活動に乗り切れず，立ちつくす子どもや生き物に夢中で周りの情報が一切入っていない子ども等，様々な子どもたちがいるでしょう。子どもたちの様子をじっくりと観察し，今後，どのような活動をしていけばよいか考える材料とします。

まとめ

STEP１：「発見」をキーワードに自然観察をする

STEP２：「発見」した写真を効率的に集約する

STEP３：子どもたちが何と向き合っているかじっくり観察する

つながるための休み時間の過ごし方

（1） STEP 1　教室での休み時間のルールを確認する

　休み時間は子どもたちが自由に過ごす分，トラブルが起こりがちです。トラブルをあえて起こし，それに対して子どもたちと関わり方を確認し，ルールを作っていく方法もありますが，それはかなり指導力が必要になります。クラスがスタートする最初はある程度のルールを設定するとよいでしょう。

　例えば以下のものが考えられます。

・授業を終えたらまず，授業で使ったものを片付け，机の上には何も置かない状態にする。
・教室，廊下では，走らず歩いて行動する。
・教室のドア付近，廊下では立ち止まらないようにし，他の友達が歩行できるようにする。

　子どもたちの実態に応じて，ルールではなく努力目標として「なるべく校庭で体を動かす」というのを設定してもいいでしょう。

（2） STEP 2　子どもたちの関わりを演出する

　４月から新しいクラスになった際，どのように子どもたちが休み時間を過ごしているかまずじっくり観察します。すでに人間関係ができている友達と一緒に過ごしている子どももいるでしょう。うまく人間関係を築けない子どもは，自分の席に座り，一人で絵を描いたり本を読んだりしているかもしれません。

　教師と人間関係を作りたい子どもは積極的に話しかけてきます。そういった子どもに気を取られ，人間関係を作ることが苦手で一人で過ごしている子

どもを見落とさないようにします。もちろん，休み時間に一人で過ごすことで自分を調整している子どももいます。その辺りを見極めることが大切です。

　子どもたちの様子を観察したら，一人で過ごしている子どもに「何をしているの？」と積極的に話しかけます。その子どもと話をしていると周囲にいた子どもが寄ってきて話に参加するでしょう。ひとしきり話し終えたら，そっと教師だけその場を離れ子どもたち同士の交流が始まるようにします。

　1日数回，いろいろな子どもに話しかけながら，教師が一人でいる子どもに興味をもっていることを伝えます。そうすることで教師とその子どものつながりがもてますし，子どもたち同士もまたつながり合っていきます。

　話だけではなかなか広がりが出てこない場合は，黒板を消したり，教材を一緒に運んだりといったような用事を頼むようにします。一緒に作業することで，教師とその子ども，子ども同士の人間関係を形成することになります。用事が終わった後はとびっきりの笑顔で「ありがとう。」と感謝を伝えましょう。

（3）　STEP3　係活動の相談にのる機会

　機会を見て，教室にいる子どもに係活動の取り組みについて話をします。係の中には立ち上げてみたものの，あまりうまく進んでいないものもあります。そういった意見を聞きながらコーディネートできるとよいでしょう。

まとめ

STEP1：休み時間の教室でのルールを確認する
STEP2：話しかけながら教師と子ども，子ども同士の人間関係を築く
STEP3：タイミングを見て係活動の相談にのる

春休み
4月
5〜7月
夏休み
9〜12月
冬休み
1〜3月

ケアの視点 4月は子どもたちの「うまくやっていこう」をケアする

（1） 始めから100点満点は難しい

「神は細部に宿る」という言葉があります。「細かい部分にこだわることで全体としての完成度が高まる」という意味で使われるこの言葉の起源は不明だと言われています。

学級経営についても同様で，自分が尊敬する先生を見ていると，とても細やかな気遣いをしていることがあります。一方で「4月の最初が肝心」と細かいところにまで力を入れて指導すると，そのハードルの高さに押しつぶされてしまいそうになる子どもがいます。

では「どんなものでも大丈夫だよ」と全てを受け止めればいいかというと，それはそれで子どもたちは何が正しいか分からず，戸惑います。

この辺りのバランスが難しく，また教師のキャラクターとも関連するので一概に「こういう方法がいい！」と決めることができません。

4月のこの時期は，1年間を見据えて確認することが多くあります。

それらを伝えるとうまくできない子どもたちが一定数います。そう言った子どもたちには「少しずつできるようになるといいね。」「行動に移せるようになることがまず大事だよね。」と考え方を繰り返し伝え，子どもたちを励ましていくことが大切です。

「クラスをうまくリードしなければ！」と焦る自分には，「4月の始めの時点から，全員が100点満点は難しい」と言い聞かせながら取り組んでいくとよいでしょう。

（2） 頑張りすぎに注意！

実は私自身，4月の時期がとても苦手です。新しく環境が変化する中で，覚えることがたくさんあります。また新しく出会った人とどう接するのがい

いか戸惑いますし，顔や名前をすぐに覚えることも苦手です。周囲の人たちは４月に「さあやるぞ！」という意欲が溢れている人が多く，競争がすでに始まっている雰囲気を感じると妙に焦ります。

　大人になって「４月が苦手」と気が付くようになってからは，「４月は頑張りすぎない」と心に決めました。これは４月に頑張りすぎる自分にブレーキをかけてくれています。

　教室にも，「全てのことをしっかりとやらなければいけない」と力が入りすぎている子どもがいるはずです。「３月の自分が，今の自分よりも少しだけ成長していればいい」という気持ちがもてるよう，言葉掛けをしていきましょう。

（3）　それでもつまずいている子どももいる

　４月は「うまくやろう」という気持ちが働いていますので，一見，周りと合わせている子どもたちもよく見るとつまずいていることがあります。

　過度な支援はその子の成長する力を阻害します。つまずきを見つけたら，支援が必要かどうかまずじっくり考えます。自分で乗り越えられそうなら見守りますし，そうでないなら適切に支援をしていくとよいでしょう。

> **まとめ**
> ・始めから全員が100点満点は難しいと心得る
> ・頑張りすぎの子どもには，力を抜くような言葉掛けをする
> ・つまずいている子どもに支援が必要かどうかじっくり考える

3 行動の「共有化」と「活性化」でつながる意欲を育てる！

5〜7月

学級経営の本当の勝負は５月から！！

（１） ゴールデン・ウィーク明けは，０から積み上げるイメージで！

　新しい環境で緊張感がある４月が終わり，ゴールデン・ウィーク明けから子どもたちの行動が少し重く感じることがあります。このような時に「頑張らせる」ように学校生活を送らせようとしても，なかなかうまくいきません。

　一方で，何もしなければ少しずつ手抜きが増え，教室が荒れていきます。教育雑誌等では「６月危機」という特集が組まれることがありますが，何かしら手を打たなければ教室の荒れは日に日に広がっていくでしょう。

　ゴールデン・ウィーク明けから夏休みまでのこの期間は，４月に積み上げてきたルールやマナーをもう一度０から確認していくつもりで取り組んでいきます。

（２） 関わり合うことの機会をこまめに設定する

　各活動を行う際は，関わり合う機会をこまめに設定します。「関わっていればいい」とざっくりと設定するのではなく，なるべく少ない人数，短い時間で意図的に設定します。そうすることにより，子どもたちのつながる意欲を育んでいきます。

　活動に取り組む際は，楽しい雰囲気を大切にし，よい行動を積極的に認め，共有していきましょう。

（3） 子どもたち一人一人の活動量を保障する

　子どもたち同士の関わりを増やしていくと，どうしても全体の雰囲気に目が行きがちになり，一人一人がどのように活動しているか見取りにくくなります。

　子どもたちが会話を始めた時は，一呼吸をおいて全体を見回してから，子どもたちがどのような表情で，どう取り組んでいるか，まずは一人一人を把握しましょう。その後，声を掛ける順番を考え，どのように声を掛けるか考えます。声を掛ける時は，命令や否定するような言葉はさけ，前向きになる言葉を選ぶといいでしょう。

（4） 「動」と「静」のメリハリをつける

　関わる時間をこまめに設定すると，教室はどうしても騒がしくなります。楽しい雰囲気で過ごせることはいいことですが，どことなく落ち着かない雰囲気になることもあります。活動と活動の間で教室が静かになるような活動を意図的に設定します。

まとめ

- ・ゴールデン・ウィーク明けは，0から積み上げるイメージで取り組む
- ・関わり合う機会は，少人数・短い時間でこまめに設定する
- ・一人一人の活動量を保障する
- ・関わる時間と静かな時間を交互に設定する

春休み

4月

5〜7月

夏休み

9〜12月

冬休み

1〜3月

G.W. 明けの学級目標づくり①
子どもたちの思いを引き出す

（1） STEP 1　これまでを振り返り，理想像を思い浮かべる

　学級目標については様々な決め方がありますが，ここでは子どもたちが思い描いているクラスの理想を共通の言葉にすることでつながり，1年間の活動の振り返りに使えるものを紹介します。

　ゴールデン・ウィーク明けに教師が「どんなクラスにしたいですか？」と聞けば，「楽しいクラス」「元気なクラス」等，それまでの経験をもとに発言するでしょう。それはまるで子どもたちの「夢物語」のように，現実と乖離したものになってしまいます。現実からかけ離れた学級目標は，たとえ子どもたちが一生懸命考えたとしてもその後，使用されなくなります。

　それを防ぐために，まずは4月からの1ヶ月間の学校生活を振り返ります。「振り返り」を子どもたちに促そうとすると，子どもたちは自虐的に考えがちです。そうならないようにするために，「今，できていること」をまず出し合えるとよいでしょう。一通り出たところで，「もっと頑張っていきたいところ」を出し合います。

　意見を出す際は，どうしてその行動が大切なのか，その理由も合わせて発表するように促します。必要に応じて，出された考えを解説しながら，友達と一緒に学校で過ごすことの意味を確認するようにしましょう。

　出された意見については，自分はどのように過ごしているか振り返り，自分ごととして捉えられるようにすることが大切です。例えば，一つずつ指し示しながら「できているか」挙手させたり，2人組で話をしたりします。

（2） STEP 2　一人一人の考えを視覚化するテキスト・マイニング

　振り返ることができたら学級目標にしたい言葉を端末を使って Google

Forms に入力します。3年生ではタイピング技術がまだ身に付いていない子どももいるので，入力が難しい児童には個別に支援します。入力した情報はテキスト・マイニングを利用して視覚化します。

テキスト・マイニングでまとめたもの（例）

（3）　STEP 3　子どもたちを観察し，課題を焦点化する

　この活動はクラスの課題を解決する目標を，子どもたちの共通の言葉にすることがポイントとなります。教師は1ヶ月間，子どもたちの様子をじっくり見ながら課題を捉えます。子どもたちと1ヶ月を振り返る中で，その課題を子どもたちと共有し，学級目標の言葉に反映されるようにしていきます。

> **まとめ**
>
> STEP 1：「できていること」「頑張っていきたいこと」を出し合う
> STEP 2：学級目標の言葉をテキスト・マイニングで視覚化する
> STEP 3：子どもたちの課題を教師がしっかり見取り，焦点化する

【参考文献】
　テキスト・マイニングについては，User Local 社の AI テキストマイニングを使用した。
URL:https://textmining.userlocal.jp

G.W. 明けの学級目標づくり②
子どもたちの思いを重ね合わせる

（1）　STEP1　友達の考えを聞き，意見を発表する力を育てる

　テキスト・マイニングでクラスの思いが視覚化されたら，いよいよそれを学級目標としてまとめていきます。学級目標をクラスの一部の子どもの意見で決めるのではなく，子どもたち一人一人が発言する機会を設定し関わることができるようにしていきます。

---

①テキスト・マイニングを見て，一人ずつ学級目標を発表する。
②出された意見をもとに，「賛成」や「心配なこと」を発表する。
③考えを合体させたり，絞り込んで一つに決めていく。

　一人ずつ学級目標を発表する際，学級目標の種類を例示するとよいでしょう。以下のようなものが考えられます。

・長文系：いつも仲よく元気にあいさつけじめのあるクラス
・合言葉系：せなる（せ：成長，な：仲よし，る：ルールを守る）
・シンボル系：銀河（いろいろな星が集まり，輝く様子から）

　子どもたち一人一人に発言の機会を保障するために，①の際は順番に発言していきます。その際，「パスです」「考え中なので後で発言します」等，うまく思い付かない子どもがどのように言えばいいか，事前に確認しておくとよいでしょう。自分の考えがうまく思い浮かばないまま話合いが進んでしまった時は，②の際，友達の考えを選ぶように促します。

（2） STEP2　話し合う時の座席を工夫する

　子どもたちの発言を教師だけが受け止め形にするのではなく，子どもたち同士で交流されていくようにしていきます。そのために，子どもたち同士が向き合うような座席で話し合います。

　3年生になりたてのこの時期だと友達の考えと自分の考えを比べることを全員に求めるのは少々難しいところです。ここで大切にしたいのは，互いの表情を見ながら，話合いを進めることです。時間が進む中で，少しずつ集中力は途切れるようになると思います。適宜，「友達の顔を見て話を聞きましょう」と声掛けをしながら，話合いを進めていくとよいでしょう。

（3） STEP3　「折り合い」の付け方を学ぶ

　学級目標を「子どもたち自身で決めさせたい」という考えもありますが，学級目標は，論点を整理しながら折り合うことを学べるようにします。そのためには，教師が司会をすることが最適でしょう。

　「二つの意見のいいところを一つにしたいですね」「（少数派の）○○という意見をここに入れられませんか？」と子どもたちの意見を聞きながら，教師が話合いを進めていきます。学級目標を決めた時には，「折り合う」ことの大切さを確認するとよいでしょう。

まとめ

STEP1：学級目標に対して一人一人が考えを発表する機会を保障する

STEP2：互いの表情を見ながら話し合えるように座席配置をする

STEP3：「折り合うこと」が経験できるよう，教師が司会をする

3 「スッキリタイム」と「整理マスター」で 生活環境を楽しく整える

（1） STEP 1　身の回りが整理整頓できているか確認する

　学級目標を作るためにこれまでの学校生活を振り返ると，様々な課題が出されると思います。その中でも以下のことが整っているでしょうか。

・ロッカーの中が整理されているか？

・廊下のフックに掛けているものが落ちていないか？

・机の中が整理されているか？

・ロッカーや棚の上に私物が置かれていないか？

・床に紙屑は落ちていないか？

　1ヶ月過ごす中で，次の授業に間に合わない時や興味のある活動がある時に，ついつい適当にしてしまうことがあります。

　まずは一人一人が自分がきちんと片付けることができているか確認します。整理の基本は，物の置く場所を決めることです。一人一人が確認する際，どのように整理をするとよいか写真をTVに映す等し，もう一度，基本的な形を確認します。

　確認する際はタイマーを見える形で提示します。普段，きちんとやっていれば整理の時間は短いはずです。上手に整理できることを可視化することで，整理をしようとする意欲を高めます。

道具箱の写真の例

（2） STEP2　定期的に時間を設定し，整理する力をつける

　クラスの多くの子どもがうまく整理できていないものについては，「スッキリタイム」と名付け定期的（週1回等）に取り組めるようにします。うまく整理できなかったり，適当に済ましてしまったりする子どもがいないかよく確認し，適宜支援するとよいでしょう。

　整理した後は，自由帳に絵を描いたり，折り紙を折ったりと自分の席で好きなことに取り組めるようにします。慣れてくるとさっと整理して，充実した時間を過ごすようになるでしょう。

　上手に整理できる子どもを「整理マスター」と呼び，整理が苦手な子どもが相談できるようにします。整理が上手な子どもは，自分なりに整理術を確立しているので，それらを共有できるようにします。ただし，それらのテクニックが合うかどうかは子どもによって違います。「整理マスター」の言うことを取り入れるかどうかは自分で判断することや「整理マスター」になった子どもも自分のやり方を押し付けないようにすることを確認しましょう。

（3）　STEP3　効率性を助言する

　整理が上手な子どもというのは実は，効率的に行動していることが多いです。身の回りの持ち物を順序よくしまうので，ロッカーや廊下のフックと自分の座席を何往復もするといったことがありません。状況に合わせて片付ける順序についても助言するとよいでしょう。

まとめ

STEP1：身の回りが整理整頓できているか確認する
STEP2：「スッキリタイム」と「整理マスター」に相談で力をつける
STEP3：順序よく片付けることができているか助言する

「巧み技」で当番活動を活性化する

（1） STEP1　給食や掃除の時間に優れた行動を見取る

　6月頃に給食や掃除の時間をよく見ると，以下のような優れた動きをしている子どもがいます。

○給食の時間
- ・渡す人に合わせて持っているトレイを傾けて受け取る。
- ・相手の利き腕を考えながら，箸やスプーンの向きを考えて渡す。
- ・皿や腕を持つ手を上手に動かし，こぼれないようにおかずを盛り付ける。
- ・食べ終えた際，皿や椀に食べ物が残らないように綺麗に食べる。

○掃除の時間
- ・棚の下やゴミ箱の裏等，ゴミが溜まりやすい所のゴミを集めている。
- ・雑巾の端を上手に使って床にこびり付いた汚れをとっている。
- ・床についた鉛筆の跡を専用の消しゴムで消している。
- ・チョークの粉を丁寧に集め，綺麗にしている。

　まだまだたくさんの優れた行動があると思います。そういった行動を見つけ，クラス内で共有します。その際，その行動が結果的にクラスで過ごす友達のためになっていることを伝えます。そうすることで，子どもたちはクラスの友達のことを意識するようになり，つながりが生まれてきます。

（2） STEP 2　巧み技を共有する

　ある程度動画や写真で撮り溜めたら，それらを「巧み技」と名付け，クラス全体で紹介します。紹介する時は，それをやっている子どもにどうしてそれをやっているのか説明させるようにします。その子どもがどんなことを考えてそのような行動をとっているのか考え方を共有することで，別の場面でも転用できるようにするのです。

　教室にスペースがあれば，巧み技の写真を掲示すると子どもたちに印象付き，その行動は一気に広がります。

（3） STEP 3　自分で考えて行動したことを評価する

　「巧み技」を共有すると，自分で考えて色々な「巧み技」を考えるようになります。給食や掃除はデリケートな部分もあり，「それはちょっと…」というような行動も出てきます。子どもたちの行動をさらによく見ながら，適宜，助言をするとよいでしょう。

　その際は，自分で考えて行動したことをきちんと評価します。その上で，さらによい方法として教師が提示するとよいでしょう。

> **まとめ**
>
> STEP 1：給食や掃除の時間に優れた行動を見取り，褒める
> STEP 2：写真や動画を使ってクラス全体で共有する
> STEP 3：自分で考えて行動したことを評価する

春休み
4月
5〜7月
夏休み
9〜12月
冬休み
1〜3月

5 「○○イーナ」で給食のマナーをレベルアップ！

(1) STEP 1 「○○イーナ」で給食のマナーを指導する

　給食中のルールやマナーを丁寧に確認しても，６月頃には少しずつ乱れてきます。「緊張感をもって，嫌いなものも無理やり食べる」よう強いることは間違いですが，食事中，楽しさを追求するあまり食べ物を粗末にしたり，下品な振る舞いが目立つようになってきたら指導が必要です。

　各学校には，食育の目標があり，発達段階に即した指導内容があります。それらを参考にしながら，「○○イーナ」という合言葉を使って，子どもたちと食事中のマナーを確認し，適切なマナーを学ぶ機会をつくります。

　上記のように，適切な行為やそのよさについて画用紙にまとめ，教室に掲示すると子どもたちは意識しやすくなります。

　食事のマナーは気になりだすと，教師が多くのことを一度に求めてしまいがちです。子どもたちの様子を見ながら重点的に確認するものを選び，一つずつ意識できるようにしていくとよいでしょう。

（2） STEP 2 「○○イーナタイム」で意識向上！

　「○○イーナタイム」と称し，重点的に取り組む時間を設定します。取り組む内容や子どもたちの様子から，給食開始 3 分間，給食中盤 5 分間など時間を設定するとよいでしょう。

　この活動は教師だけが頑張るのではなく，子どもたちが自分たちで意識して，声を掛け合いながら取り組む活動にしていくことが重要です。そのためには活動自体も子どもたちが進められるようにするとよいでしょう。

　例えば開始時刻になったら日直の子どもが，クラス全員の子どもの見える位置にタイマーを設定し，「これから　『○○イーナタイム』を始めます。○○を意識して食べましょう。」と呼びかけます。終了する時刻になったら，同様に日直の子どもがタイマーを片付けます。教師は意識している子どもや前向きに声を掛け合っている子どもを見つけ，声を掛けていくようにします。

（3） STEP 3　子どもたちの会話の様子に注目する

　給食中，向き合って食事しているにもかかわらず，一言も会話をしないで食べる子どもが時折います。コミュニケーションをどのようにとっているかまず教師が把握することが大切です。教師も給食を食べているグループで一緒に食べながら，話しかけてみましょう。子どもたちからの返事を違う子どもに投げかけ，交流が生まれるようにしていくと，自然と子どもたち同士でコミュニケーションをとるようになるでしょう。

> **まとめ**
>
> STEP 1：「○○イーナ」で給食中のマナーを確認する
> STEP 2：「○○イーナタイム」を子どもたち自身が運営する
> STEP 3：子どもたちで会話ができるようにコーディネートする

春休み

4月

5〜7月

夏休み

9〜12月

冬休み

1〜3月

6 **停滞期を立て直す！係活動活性化大作戦**

（1） STEP 1　停滞の原因にアプローチする

　4月にやる気が溢れる中で係を立ち上げたのはいいものの，活動が何も行われないままになっているということはよくあります。これでは「つながる力」は育ちません。学校生活に慣れて人間関係もできてきた6月頃，もう一度，係活動について計画を練り直し，係活動を活性化するようにします。

　係活動が停滞するのは以下のような理由が考えられます。

・いつ話し合えばよいのか分からない
・どのように活動を進めていけばよいか見通しがもてない
・活動を進めるための道具が足りない
・人間関係に遠慮してしまい，自分の力が発揮できない

　上記のことを解決するために，右のような簡単なワークシートを使って授業の時間を1単位時間取り，計画を練り直します。

　ワークシートを埋め終えたら，教師のところに持ってくるようにします。教師はワークシートを見ながら子どもたちのやりたいことを汲み取り，助言したり，環境を整えるようにします。

> **係活動計画用紙**
> ○係の名前
>
> ○いつ
>
> ○どこで
>
> ○どのように
>
> ※ゲームの場合は
> ①チーム、②時間、③勝負のつけ方④チームの見分け方

（2） STEP2　定期的に集まる時間を確保する

　ワークシートで計画を立て，活動の見通しがもてても，活動が活性化しないことがあります。その時は盛り上がるのですが，その後，小さな課題ができ，放置したままになってしまうことで活動が継続していかないのがその理由です。それを防ぐために週1回，15分程度集まる時間を確保します。

　たったそれだけのことですが，子どもたちは集まる時間ができると，放置していた課題と向き合い，また前に進んでいこうとします。

（3） STEP3　人間関係の課題を解決する

　一人の子どもがリーダーとなり他の子どもはそこに従属的に取り組んでいたり，1つの係の中で2つのグループで別々に取り組んでいたりと，活動が盛り上がっていてもよく見ると人間関係に課題を抱えている場合があります。

　子どもたちの気持ちとしては，自分で考えて取り組んだことを否定されたらやる気がなくなります。そうならないよう，あるべき姿を提案しながら係活動を進めていくように助言します。

　従属的に取り組んでいるのであれば「何かを決める時に，一人一言伝える機会を必ずとる」ことを確認するように提案します。グループ化が進んでいるのであれば，グループ毎で取り組んだものは必ず最後に係のメンバー全員で関われるようにするとよいでしょう。

> **まとめ**
>
> STEP1：停滞の原因を分析し，アプローチする
> STEP2：定期的に集まる時間を確保する
> STEP3：人間関係の課題を解決する

春休み
4月
5〜7月
夏休み
9〜12月
冬休み
1〜3月

7 授業中，２人組で話をする機会を
たくさん設定する

（1） STEP１ 誰でも気軽に話ができるように課題を設定する

　会話する機会を多く設定し，コミュニケーションスキルを高め「つながる
力」を育みます。コミュニケーションが苦手な子どももいますので，最初は
会話する時間を短くしたり，会話の難易度を下げたりして誰でも気軽に取り
組めるようにします。以下のように前の学習を振り返る場面で行います。

> 　今日は前回の学習内容の確認をします。昆虫は体が３つに分かれま
> す。隣の友達と３つの体のつくりの名前を確認しましょう。確認した
> ら着席します。分からなかったら，ノートや教科書で調べましょう。
> それでは全員，立って確認を始めましょう。

　上記のような場合，答えは前回，学習したことですので自分の言葉を考え
る必要はありません。難しいようならノートや教科書も見ることができます。
そういった状態で，会話をするよう促していきます。
　慣れてきたら少し難易度を上げます。

> 　今日は20÷５の計算の仕方について学習しました。どのように計算
> の仕方を隣の人に説明しましょう。相手が困っていたら，教えてあげ
> てください。それでは始めましょう。

　繰り返し説明の仕方を確認した後，学習のまとめとして話をする機会を設
定します。自分で考える部分はありますが，友達のサポートを得ながら会話
することで，学習の定着を図ります。

（2） STEP2　会話をする際のルールを設定する

　会話をするには，ルールが必要です。一番大切なルールは，話す相手を見て聞くことです。2人組の時もそうですが，3人組や4人組，クラス全体で話を聞く時も同様です。話を聞く態度については，繰り返し指導するようにしましょう。

　その際，話し手を指導することも大切です。相手の準備が整っていないうちから話し始めないよう「話してもいいですか？」と最初に聞くようにするのも一つの方法です。

　また，「分からないことは恥ずかしいことではない」ということも事前に確認しておきます。「分からない」と会話そのものをやめ，その時間が過ぎ去るのを待つ子どもがいます。「分からないことを分かるようになるために，学校に来ている」と繰り返し伝えながら，成長しようという心を育てていきましょう。

（3） STEP3　2人組を組む時の相手は最適かどうか絶えず見守る

　授業中に学習内容を確認するのですから，学習に困難を抱えている子どもにとっては，会話そのものが難しくなります。また，人間関係が影響したり，コミュニケーションが苦手だったりすると，うまく会話が成立しないことがあります。そういったことを考慮に入れながら子どもたちの様子を見守り，場合によっては座席の配慮をするとよいでしょう。

まとめ

STEP1：誰でも気軽に話ができるような課題を設定する
STEP2：授業中，会話をする際のルールを確認する
STEP3：2人組の相手が最適かどうか絶えず見守る

8 話合い活動を立ち上げる

（1）　STEP 1　一人一人が意見を言い合える場を作る

　話合い活動の基本的な進め方については，文部科学省国立教育政策研究所教育課程研究センターが発行している『みんなで，よりよい学級・学校生活をつくる特別活動（小学校編）』を参考にするとよいです。私は上記の方法とアドラー心理学に基づいた「赤坂版クラス会議」をミックスさせたものを，1単位時間を使って取り組みつながる意欲を育てています。

　話合い活動では，まず，一人一人の思いや願いを大切にしながら議題に対して全員が自分の考えを発表できるようにします。そうすることで，自分たちのことを決める時には，誰かに任せることなく，自分から参画する態度を養います。挙手をして発表するスタイルにするとどうしても，意見を言える子どものみの考えでその時間が進んでしまいます。そこで，以下のように進めます。

---

①議題はみんなに関係するもので，一人一人の意見が重要であることを確認する。
②椅子だけでクラスで一つの円になる。（出席番号順等教師が座る位置を指定する）
③議題について，一人ずつ順番に発表する。

　意見が思いつけない時は「パスです。」としっかりと自分の状況を伝えるように指導します。一人一人の意見が出されたら，「賛成すること」「心配なこと」等の意見を挙手して出し合い，意見を比べ合うようにします。

（2） STEP2　ぬいぐるみを回して意見を発表する

　教師が写真のようなぬいぐるみを用意し，子どもたちはそれが回ってきた時だけ発言できるようにします。話をする人が明確になることで話しやすくなるとともに，話を聞く態度も同時に養われることになります。

　「ぬいぐるみを持っていない人は，持っている人を見て話をしっかりと聞く」というルールを設定し，定着するよう指導しましょう。

（3） STEP3　意見の理由を評価する

　一人一人が意見を言う際，合わせてそう考えた理由も発表するようにします。発表した子どもの考えが何を大切にしているか，理由に現れます。一人一人の話を聞きながら，大切にしたい考えが出た際は教師が積極的にその価値を子どもたちに伝えましょう。

> **まとめ**
>
> STEP1：一人一人が自分の考えを発表できる場を設定する
> STEP2：ぬいぐるみを回し，話す時，聞く時のルールを定着させる
> STEP3：意見の理由を評価する

【参考文献】
・文部科学省／国立教育政策研究所教育課程研究センター『みんなで，よりよい学級・学校生活をつくる特別活動（小学校編）』文溪堂，2019年
・赤坂真二『赤坂版「クラス会議」完全マニュアル　人とつながって生きる子どもを育てる』ほんの森出版，2014年

春休み
4月
5〜7月
夏休み
9〜12月
冬休み
1〜3月

遠足・校外学習で小グループで課題を解決する

（1） STEP 1　小グループでの活動の課題を設定する

　3年生になると，学校外に出かけ，実際に自分の目で確かめながら体験的に学習することが多くなります。また，遠足も活動内容が広がり，自分たちで活動を進めることが大切になってきます。

　校外学習や遠足の際，小グループで課題を解決する機会を設定し，つながる意欲を育てています。

　以下のような課題が考えられます。

・クラス全体で解決する課題を明確にし，グループ毎でその答えを現場で確認する時間を設定する。

・見学の際，グループでの行動を基本とし，互いの思いを確かめ合いながら行動できるようにする。

・グループ毎に昼食をとるようにし，準備から片付けまで協力して取り組むようにする。

・クラスで集合する際，グループ毎に集合するようにし，子どもたちが人数を確認し，教師に報告させるようにする。

　子どもたちの実態を見ずに，管理を目的にして課題やルールを設定することが多くあります。子どもたちの実態を考慮に入れながら，一緒に行く学年の先生とよく話し合い，子どもたちが乗り越えられる課題やそのためのルールを設定することが大切です。

　事前に子どもたちに「○○の場合はどうしますか？」と尋ね，どのように行動すればいいかイメージする時間を取るとよいでしょう。

（2） STEP 2　席替えを行い，小グループでの活動を日常的に行う

　校外学習や遠足の日程が決まったら遠足のグループがそのまま生活班になるように席替えを行い，日常の生活の中で協力してミニゲームをしたり，学習の課題について話し合ったりします。

　また給食の時間に校外学習や遠足について話し合ったり，テーマを決めて交流したりすると，さらにコミュニケーションが図られるでしょう。

　活動をする中でトラブルが起きる場合もあります。そのような時は当日，学校の外でも同様のことが起こることを考慮に入れ，どのような考え方が大切か，またどのように行動するとよいのか確認します。トラブルを指導の機会と前向きに捉えることが大切です。

（3） STEP 3　互いの行動に感謝の言葉を伝え合う

　小グループでの活動が多くなってきたら，「ありがとう。」「どういたしまして。」と伝え合えるように設定し，互いの行動に対し，感謝の気持ちがもてるような雰囲気づくりを行います。

　例えば，校外学習や遠足に向けて，小グループで目標や役割を決めたとします。無事，決まった際，「グループで協力して，決めることができましたね。お互いが協力してできたことに『ありがとう。』，『どういたしまして。』を伝え合いましょう。」と呼びかけるとよいでしょう。

まとめ

STEP 1：小グループでの解決できるような課題を設定する
STEP 2：席替えを行い，日常的に小グループでの活動を行う
STEP 3：互いの行動に感謝の気持ちを伝え合うようにする

些細なトラブルはつながり直すチャンス！

（1） STEP 1　まずは指導をせずに，子どもの話をじっくりと聞く

　5月下旬から6月頃になると，子どもたち同士の些細なトラブルもまた増えてきます。それらのトラブルを適切なつながりに修正するチャンスと捉え，互いの気持ちや考えを確認できるように丁寧に対応します。

　まず大切なことは，話を聞く時，「いつ・どこで・誰が・何をしていたか」をはっきりさせることです。子どもたちは断片的な記憶を，自分の視点で語りがちです。話を聞く際は，その行為について指導をせずに，全容を明らかにすることを目的にしましょう。

　話を聞いたら，「自分が嫌だったところ」と「自分がいけなかったところ」を聞きます。聞いている時も教師が考えていることを伝えないようにします。あまりに気付いていない場合は，「○○な部分はどう思いますか。」と尋ね，本人がそのことについてどう考えているか確認します。

　確認を終えたところで，今後の見通しをその子どもと確認します。冷静に相手と話をすること，話は自分の口から語ることをあわせて確認するとよいでしょう。その際，「相手の子どもが○○と言ったら△△の部分をきちんと伝えるといいですよ。」と助言し，その子どもの思いが伝わるようにしましょう。きちんと話をすることが難しい場合は，教師と話をすることを確認します。

　話を聞いたら，相手側の話も同様に聞きます。その際，事実が合わないところを明確にしておくとよいでしょう。

（2） STEP 2 自分の思いを相手に伝える

　事実が合っている場合や顔を合わせてつじつまを合わせることができそうであるならば，当事者同士が顔を合わせて以下の順番で確認します。

---

①聞いた話をもとに「いつ・どこで・誰が・何をしていたか」教師が確認する。事実が合わない場合は，その確認をする。

②それぞれ自分が嫌だったことを話をする。その間，相手は黙って聞く。

③それぞれ自分がしてしまっていけなかったことを話す。

④次からどのようにしていけばいいか，確認する。

---

　④まで行くと，子どもたちは自然と謝罪の言葉が出てきます。事実が一致しない場合，周囲の子どもたちに聞いても不明な時は，これからは同じことをしないということを確認します。

（3） STEP 3 教師の視点で話をする

　自分たちで話をした後に，足りていない視点があったら，教師から話をします。最後に「仕返しはしないこと」を確認したら，「正直に話をしたこと」「トラブルを解決しようとしていること」を評価し，「気になることがあったら教師に相談してほしい」ことを伝え話を終えます。

まとめ

STEP 1：まずは当事者の話をじっくりと聞く

STEP 2：自分の思いを相手に伝える場を設定する

STEP 3：子どもたちが話を終えた後に，教師が補足する

ケアの視点 子どもたちのモチベーションロスをケアする！

（1） ゴールデン・ウィーク明けから出てくる疲れの要因を探る

　4月の緊張感の中，丁寧に積み上げたルールや作法も，ゴールデン・ウィークで学校生活のリズムを崩し，子どもたちのモチベーションが下がりがちになります。また，一つ一つの活動に対して雑に取り組んだり，だらけた雰囲気で取り組んだりする様子が多く見られるようになってきます。

　子どもたちのそんな姿を見ると，教師は叱咤激励し，もっと頑張らせようとしがちです。もちろん，それらがうまくいく時もありますが，一部の子どもたちにとっては「ついていけない」気持ちになります。

　子どもたちのモチベーションの低下や行動の遅れを「怠け」と捉えるのではなく自然な流れと受け止め，下の表のような形でそうなっている要因をまずは探ってみるとよいでしょう。

子どもたちの姿	考えられる要因の例
月曜日の朝に元気がない	土日の習い事が負担
朝の会で姿勢が崩れている	規則正しい生活が送れていない
友達との活動に消極的	コミュニケーションが苦手
いつもイライラしている	ストレスがかかっている
学習に取り組まない	学習についていけていない

（2）　子どもたちの話を聞く

　子どもたちの気になる行動を見つけたら，子どもたちにどうしてそうなっているか直接，聞いてみます。

　子どもたちによっては「指導されている」と感じ，「頑張ります！」と答えることがあります。「先生は，あなたのことが心配で聞いているの。本当の思いを聞かせてほしいな。」と伝え子どもの本音を聞けるとよいでしょう。もしかしたら，言い訳や事実とは違う話が出てくるかもしれませんが，やり取りを通してその子どもを理解するようにします。

（3）　エネルギーが貯まれば，子どもは自然と頑張り出す

　4月は子どもたちから自然と湧いて出てくる「頑張るエネルギー」で過ごしてきました。ここでの停滞は「エネルギー切れ」と捉え，エネルギーを蓄えるイメージで子どもたちと接します。

　頑張りすぎで疲れてしまっている子どもには，少し力を抜くように伝えますし，うまくできないことが多くてやる気を失っている子どもには，その障壁を取り除いて取り組めるようにします。

　子どもたちはエネルギーが貯まれば，また自然と「成長していこう」と頑張り出します。一人一人の子どもたちの様子を見ながら，接し方や声掛けの仕方を変え，エネルギーが貯まるようにするとよいでしょう。

> **まとめ**
>
> ・子どもたちの疲れの要因を探る
> ・子どもたちに要因を聞いてみる
> ・「エネルギーを貯める」イメージで子どもたちと接する

充実させられないあなたへ
４つのアドバイス

夏休み

夏休みは意外と短い

「今は忙しいけれど，夏休みに入ったら，○○をやろう」「９月からの忙しさを考えたら今のうちに○○をやっておきたいな」等，子どもたちが登校しない夏休みにやっておきたいことはたくさんあると思います。

普段の生活に比べたら夏休み中の生活には余裕が生まれますが，だからと言って無限に時間がある訳ではありません。

有限である夏休みの時間を効率よく過ごすためには，ちょっとしたコツが必要です。

とにかく疲れているあなたへ

４月から緊張した毎日を送っていたり，毎日がうまくいかなかったりして辛い日々を過ごし，なんとか夏休み初日を迎えた方がいると思います。「夏休みに入ったら色々頑張って，９月からは立て直そう」と思ってはいるものの，夏休み中もダラダラと過ごしてしまうものです。

４月から辛い日々を過ごしてきたのですから，まずは思い切って休養をとることが大切です。疲れている頭，体では，たとえいい内容の研修を受けたとしても，それを自分の身にすることは難しいでしょう。

周りの先生方がバリバリ仕事をしていると「罪悪感」があるかもしれませんが，「心身が元気になるのも仕事のうち」と割り切り，まずは休養を第一に考え，余力で仕事をするくらいの気持ちで取り組みましょう。

夏休みに読書をしたいあなたへ

　「夏休みになったらゆっくり本を読みたいな」「時間がある夏休みこそ，教育書を読んで，学びを深めたいな」と思っていても，気が付けば夏休みが半分くらい過ぎ，結局，大して本を読まないということをよく耳にします。

　そういう方は読みたい本や教育書を夏休みが入る前に手に入れておき，夏休みが入ったと同時に読み始めることをお勧めします。

　夏休みに入りたての頃は，出張や研修も含めて出勤しなければいけない日が数日，続くと思います。通勤途中や昼休み等の時間を使い，こまめに本を読む時間を設定するとよいでしょう。その本が自分に合っていると，さらに時間を作って本を読みたくなります。そうなってくると朝，早起きしたり，夜，ゆっくりしている時間にも，自ずと本に手が伸びていき，読書の習慣が身につくでしょう。

 夏休み中に仕事の貯金をしたいあなたへ

　「子どもたちがいない夏休み中に，仕事を進めておきたい」と思っているものの，気が付いたら「夏休みが終わっている」ことはよくあることです。

　一言で「仕事」と言っても実は，様々な内容があります。それらを効率よく処理するためには，以下の手順で仕事の内容を精査し，効率よく仕事を処理することが大切です。

---

①夏休みに取り組む仕事を書き出す。

②A：やらなければいけないこと　　B：やっておいた方がいいこと

　　C：やりたいこと　に分ける。

③取り組む時期，場所，時間を決める。

まず夏休みに取り組む仕事を書き出してみます。自分で思っているよりもかなりの数の仕事があることに気が付くはずです。大抵の場合，その全体像をつかまないまま，端から順に処理をしていき，気が付いたらたくさんの仕事が残っている中夏休みが終わろうとしていて，悲しい気持ちになります。「ああ，なんて自分はダメなんだろう」と落ち込みがちですが，冷静に考えればそもそも与えられた時間に対し，処理できるだけの仕事量ではなかったということはよくあります。自分が求め過ぎていただけのことなのです。

　リストアップができたら，②のＡ，Ｂ，Ｃの基準のもと，仕事を分けていきます。それぞれの中でも優先順位を決めておくとさらによいでしょう。

　振り分けることができたら，それらをいつ，どこで，どのように処理をするのかを決めます。

　例えば夏休み明けの学校行事については，同僚や管理職と相談したいことが出てきます。比較的，多くの人が出勤する夏休みに入ったばかりの頃に取り組むことが大切です。

　教材研究については取り組み方が人それぞれになります。誰かに相談しながら進めたい場合は上記と同じ理由で早めに取り組む方がいいですし，まずは自分でじっくり考えたいのであれば，夏休みの中盤あたりで取り組み，終わり頃に相談してもよいでしょう。

　「１日のうち午前中は事務作業を効率よく進められる」とか「昼ご飯を食べた午後の始めは眠くなりがちだから作業を入れよう」等，自分の状態を思い浮かべながら，それらの予定を考えておくとよいでしょう。

　予定は詰め込んでいると思い通りにいかなかった時にイライラしてしまいます。少し余裕をもたせて計画し，早めに処理できていたら自分を褒める気持ちで取り組むと，前向きに日々を過ごすことができます。

5 夏休み明けにスタートダッシュをかけたい あなたへ

　4の中に含まれることかもしれませんが，夏休み前までのクラスの状態をしっかりと受け止め，夏休み明けの指導に生かしていくことは重要なことです。

　そのためには夏休み前の子どもたちがどのような状態かまずじっくり考えておくとよいでしょう。私は以下の点について，学級名簿を見て一人一人の子どもの顔を思い浮かべながら点検するようにしています。

> ・学習への取り組みについて
> ・休み時間や放課後の過ごし方について（友人関係も含む）
> ・当番活動への取り組みについて

　そうする中で自ずと夏休み明けに取り組むべきことが浮かんできます。課題だけが浮かびどうしたらいいか困ってしまう場合は，同僚に相談したり，書籍や研修で学んだりするとよいでしょう。

　本格的に休みに入る前に夏休み明け，最初の1週間をどのように過ごすか，簡単に予定を立てておくとよいでしょう。

まとめ

> ・夏休みは自分が思っているよりも短い
> ・まずは心身ともに休養し，元気な状態になる
> ・夏休み前に読みたい本は手に入れておく
> ・処理する仕事の優先順位を決め，処理する計画を立てる
> ・クラスの現状を分析すれば，取り組むことは自ずと見えてくる

春休み　4月　5〜7月　夏休み　9〜12月　冬休み　1〜3月

いい先生が陥りやすい 3つの誤解

Column 1

1 「とにかく一生懸命頑張ればいい」という誤解

経験年数が浅い頃，私は「子どもたちにとって学校が楽しいところであってほしい」と願っていました。周りの先生方はそれまでの経験があり，指導力があります。私が勝負できるのは「時間」と「労力」だけだと考えて，日々，取り組んでいました。

「若くて熱心な先生」と受け止めてもらえることもあり，子どもたちにサービスを提供しようと一生懸命に取り組んでいました。「時間」と「労力」を思う存分使い，時には睡眠時間も削っていたので，いつも疲れていましたし，ミスも多くありました。一生懸命であればあるほど自分の思い通りにいかないことがあると落ち込み，苛立っていたように思います。

その頃のことを思うと，子どもたちと一緒にいる時間をいかに機嫌よく過ごすかを考えればよかったと後悔します。

2 「全てを教えなければいけない」という誤解

一生懸命やってもうまくいかない私は「学級づくり」の考え方と出会い，0から100まで教えようとしていた自分に気が付きました。何から何まで教師の思うようにコントロールしようとしても子どもは教師から離れていきます。その気はなかったかもしれませんが，子どもを支配しようとしていたのだと今は分かります。

3 「子どもに任せればいい」という誤解

　学級づくりを学ぶ中で，私は子どもたちに任せることが多くなりました。子どもたちは目を輝かせて活動し，私自身にも余裕が生まれました。「そうか，自分が答えを教えずに，考えさせればいい」と教育のコツをつかんだような気持ちになりました。

　ある年も「自分たちで考えた方がいい」と子どもに任せようとしていました。しかし，子どもたちは生き生きと活動はしていなかったように思います。どこか困っているような，どこか楽しくなさげで辛そうな雰囲気が漂っていました。外から見れば「いいクラス」に見えるかもしれません。その時の学校生活を振り返れば満足している子どももいることでしょう。

　「子どもに任せる」ことを優先するあまり，子どもたちが解決できない課題を与えていることに当時は気が付くことができませんでした。

4 誤解しないために一番大切なこと

　「一生懸命であること」「教えること」「子どもに任せること」そのどれもが大切なことであると思います。しかし，それよりも大事なことがあります。

　教育にベストな方法はありません。もしあるとすれば，よりよい方法だけです。そしてそのよりよい方法を決めるのは，子どもたちのそれまでの経験やどのような能力があるかという実態だということです。

　目の前の子どもたちを見ないで教え方を考えているうちは，くじ引きのようにうまくいくこともあればうまくいかないこともあります。あたった時の嬉しさはあるかもしれませんが，足元が揺らいでいるのでその状態が長続きすることはありません。

　うまくいかないことがあるたびに私は，「そこに子どもはいるのか？」と問い直すようにしています。

5 9〜12月 子どもたちが培った「つながる力」を活かして課題を解決する

この時期のポイント 教師が「つなげる」から子どもが「つながる」へ

（1） 子どもたちが自ずとつながる課題を設定する

　夏休み前までに，「つながる力」の基礎や意欲を育ててきました。これまでは教師が率先してつなげる仕掛けを作ってきましたが，自らつながる力がついてきたら，子どもたちに委ね，それらを発揮できるようにします。

　ただし，成長してきているとはいえ，3年生の子どもたちです。全てを任せては，その課題の重さに潰れてしまいます。

　そこでまずは教師が，子どもたちがつながらないと解決できないような課題を設定し，場を整えます。子どもたちがその課題を解決するためには，自分たちで考え，つながらずにはいられない状況を作るわけです。

（2） 教師が直接支援する形から子どもたち同士が支援する形にする

　子どもたちが課題を解決している間，教師はすることがなくなるのかと言ったらそれは違います。

　教師はこれまで以上に子どもたちの様子を見守り，必要に応じて支援していきます。これまでは教師が直接，支援することが多かったと思いますが，子どもたち同士で支援できるようであれば，そうなるように環境を整えていきます。少々面倒な方法ですが，子どもたちが自ら関わる力を身につけていくためには，それが一番の近道となります。

（3） 教師の仕事は価値付けにあり!!

　人の行動には，それを支える価値が存在していると考えています。例えば，朝，教室に来た子どもが，友達と声を掛け合いながら進んで教室の窓を開けて換気をしたとします。その行動は，以下のように捉えることができます。

・人任せにしない自律した行動
・教室の換気をしようとする献身的な行動
・友達と協力して目の前の課題を解決しようとする行動

　子どもたちに聞けばただなんとなくとった行動でも，一歩引いてみれば実は価値のある行動となります。教師は子どもたちの様子を見ながら，積極的にその行動の意味を子どもたちに解説していきます。

（4） 距離の取り方も同時に教える

　同じ行動でも，相手にとってみれば嫌なこともあれば，気にならないこともあります。時にはそれを嬉しく感じる子どももいるでしょう。子どもたちは友達と関わり，協力して課題を解決する中で，相手に合わせた関わり方を学びます。「みんな一緒に仲よく」から「相手に合わせて接する」ことができるようにしていくのです。

まとめ

・協力しないと乗り越えられないような課題を設定する
・子どもたち同士が支援できるよう，環境を整える
・教師は子どもたちの行動を見取り，その価値を伝える
・子どもたち同士の距離の取り方も同時に教える

1 いいところ見つけでつながる力を強化する

（1） STEP 1 絵本『ええところ』で，いいところ見つけの意欲を引き出す

「今日はみんなと一緒に読みたい絵本があるので持ってきました。」と子どもたちに伝え，『ええところ』を読み聞かせします。

「わたしって，ええところひとつもないなあ」と落ち込む主人公が自分のいいところに気が付く絵本です。この絵本を読み聞かせした後，「みんなは自分のいいところは言えますか？」と言って子どもたちに挙手させます。

「では友達のいいところは言えますか？」と言い，これも挙手させます。

「これから，週に1回，自分が頑張ったことや友達にしてもらったこと，友達をすごいなと思ったことを発表する時間を取っていきます。たくさんの『ええところ』を見つけて，自分や友達のよさに気が付けるとよいですね。」と伝えます。

（2） STEP 2 定期的に自分たちの行動を紹介し合う

「赤坂版クラス会議」のコンプリメントの交換の方法を使って，自分が頑張っているところや友達にしてもらって感謝しているところ，友達をすごいと思ったところを紹介していきます。話合い活動の進め方と同じ形で進めることで活動をスムーズにします。以下のように進めます。

①椅子だけでクラスで一つの円になる。（出席番号順等教師が座る位置を指定する）
②自分が頑張っているところや友達にしてもらって感謝しているところ，友達をすごいと思ったところについて，一人ずつ順番に発表する。（思いつかない場合は「パスです。」と言う）
③パスをした人で思いついた人が発表する。

　一つの円にするのは，慣れてくると１〜２分でできるようになります。

　また発表も一人30秒程度と考えると全部で15分くらいの活動になります。曜日や時間を決めて週１回程度実施するとよいでしょう。

（3）　STEP 3　教室で広げていきたい考え方や行動を共有する

　活動を繰り返すうちに，子どもたちは互いの行動をよく見るようになります。教室で広げていきたい考え方や行動が子どもたちから出たら，積極的に取り上げその意味について共有するとよいでしょう。

まとめ

STEP 1：読み聞かせで「いいところ見つけ」の意欲を引き出す
STEP 2：週１回時間を決めて発表し合う場を設定する
STEP 3：教室で広げていきたい考え方や行動を共有する

【参考文献】
・くすのきしげのり作・ふるしょうようこ絵『ええところ』学研プラス，2012年
・赤坂真二『赤坂版「クラス会議」完全マニュアル　人とつながって生きる子どもを育てる』ほんの森出版，2014年

春休み
4月
5〜7月
夏休み
9〜12月
冬休み
1〜3月

2 全員参加型のイベントで自分のよさを発揮する

（1） STEP 1 係活動を活かして役割分担をし，準備をする

　係活動がそれぞれ活性化してきたら，係活動を活かした全員参加型のクラス内イベントを行います。カリキュラムの位置付けとしては，学級活動の集会活動となります。『小学校学習指導要領（平成29年告示）解説特別活動編』には，集会活動について以下のように載っています。

> 　集会活動は，目標に掲げた資質・能力を育成するための活動のねらいを明確にした上で，学級生活を一層楽しく豊かにするために，**学級の全児童によって行われる活動**である。（中略）集会活動の指導においては，一連の活動を通して計画の立案や効果的な運営方法，**協力や責任などについて体得**できるようにするとともに，児童の学級への愛着を深められるようにすることが大切である。　　　　　　　　　　　　　　　　　　※太字は筆者

　クラスで行う集会活動，いわゆる「お楽しみ会」は一部の子どもたちが企画し，クラスのみんなで取り組む形をよく見かけます。ここではクラスにいる全員が自分のよさを活かしながら集会活動の運営に何らかの形で関わり，協力や責任を体得し，学級への愛着を深められるようにします。

> 　今まで，係活動に取り組んできました。それぞれの係で工夫して活動してきたと思います。係でつけた力を活かして，お楽しみ会のようなイベントを行います。普段の自分たちの活動を活かして，自分たちができることを考えましょう。

　合わせて，企画の話合いに1単位時間，準備に1単位時間，授業の時間を

取ること，本番は2～3週間後に行うこと，場所（教室，体育館等）を伝えます。

その後，係毎に企画側として何をするか考えます。係によっては少し強引なところも出てくると思いますが，自分のよさを考えながらそれぞれが分担し，協力して取り組むことを大切にし，取り組めるようにします。以下のように考えられます。

係名	取り組むことの例
遊び係	ゲームの企画，運営
新聞係	各係のアピールを取材し，新聞に載せる
飾り係	飾りの作成
イラスト係	各係の発表順番の調整とプログラムの作成
生き物係	生き物クイズ大会の企画，運営
保健係	普段の活動を活かして，司会・進行を行う

それぞれの係で取り組むことが決まったら，早速，準備に取り掛かります。

企画に取り組む際は，使い慣れた第3章3節「6 停滞期を立て直す！係活動活性化大作戦」のワークシートに記入し，教師に持ってくるようにします。

ここで，係同士の調整が必要になってきます。例えば，遊び係がクラスで椅子を一つの円にして，ミニゲームを考えているとします。しかし，生き物係の「生き物クイズ大会」はみんなが前向きになるのを前提に準備を進めている場合があります。互いの内容を考えながら，係同士で確認するとよいでしょう。確認したことは，司会・進行係にも最終的に当事者の子どもたちが伝えるようにし「つながる力」を活かして課題を解決するようにします。

軌道に乗ると，休み時間にも取り組むようになります。様子を見ながら適宜，アドバイスをするようにしましょう。

春休み

4月

5～7月

夏休み

9～12月

冬休み

1～3月

（2） STEP 2　活動が工夫できるように環境を整える

　係活動をする際には，道具や備品が自由に使える状態になっているように教室環境を整えておくことが望ましいです。ただし，様々な都合でそうなっていない場合もあるでしょう。そこで，使いそうな道具は予め用意し，教師に許可を取らないでも無駄遣いに注意しながら自由に使えるようにします。

　教師としては色々なことに挑戦してほしいと願っていても，子どもたちが最初から諦めてしまっている場合があります。後から「○○してよかったんだぁ」と呟くことのないよう，予め「家や学校にあるもので，使っていいか迷う場合は，先生に相談しましょう。」と呼びかけておくとよいでしょう。

　クラスの友達の前で話をする担当の子どもには，十分リハーサルを行い，原稿を見なくても話ができるようにします。そうすることで，子どもたち同士が相手意識をもって話をするようになります。教師がそのリハーサルに立ち会い，しっかりと確認できるとよいでしょう。

　ある年，司会・進行係の子どもたちがかなり早い段階で原稿を仕上げ，そ

飾り係がクラス全員分の
帽子を作成

ゲーム係が途中で盛り上げようと
手作りクラッカーを作成

れを暗記しスラスラと言える状態になりました。リハーサルも当日まで2週間残した段階で完了してしまいました。そこで「みんなが盛り上がる司会をしてほしいな。よく見るテレビ番組の司会の人はどんなことをしていますか？」と尋ねました。子どもたちはそこからモノマネの練習をしたり，登場する際のBGMを用意したりと工夫を始めました。

　子どもたちは教師が思っているよりも様々な工夫をします。子どもたちと楽しむつもりで取り組むとよいでしょう。

（3）　STEP 3　子どもたちが自分のよさを活かし，それを認め合う

　係活動を活かしたクラス内イベントは，内容が充実しているとそれだけで満足してしまいがちですが，子どもたち一人一人が自分のよさに気が付いているかどうかが大切です。また，活動を楽しみながら，友達のよさに気付き，受け止め合えることはつながっている上でも重要と言えるでしょう。

　教師は準備の段階からそれらの姿を見つけ，写真や動画に撮り溜めておきます。クラス内イベントの最後に感想を交流したり，振り返ったりする場面があります。その際，写真や動画を見せながら子どもたちのよさを伝えましょう。

> **まとめ**
>
> STEP 1：係活動を活かした役割分担を行い，活動内容を考える
> STEP 2：活動が工夫できるように環境を整える
> STEP 3：自分や友達のよさを言葉にして伝え合う

【参考文献】
・文部科学省『小学校学習指導要領（平成29年告示）解説特別活動編』東洋館出版社，2018年

自分たちで課題を解決する掃除当番

（1） STEP 1 　自分たちの活動を振り返る

　掃除の時間，一人一人が掃除に取り組めるようになってきたら，掃除の場所毎に集まり掃除がきちんとできたか振り返ります。

①子どもたちが集合したら，司会が「これから掃除の振り返りを始めます。」と伝える。
②チェックリストを確認する。
③司会は「お知らせはありますか？」と聞き，自分たちで確認したいことを伝え合う。
④司会は，次の掃除の時間の目標を確認し，「これで振り返りの会を終わります。」と伝える。

　チェックリストは右のような内容です。振り返りを始めた当初は，子どもたちの基準が様々ですので，教師が基準が揃っているかどうか注意しながら見守ります。

　チェックリストでできていないところがあれば，振り返り終了後，手分けしてその部分に取り組みます。時間にして2～3分くらいでしょう。

教室そうじチェック表

1	ごみは落ちていませんか。
2	バケツはかたづけられていますか。
3	水がこぼれているところはありませんか。
4	まわりは整っていますか。みだれているところはありませんか。
5	1：30までに終わりましたか。
6	みんなにお知らせはありますか。

月　日　（　　）　　司会

（2） STEP 2　自分たちの課題を解決する

　③で子どもたちは自分たちの課題について出し合います。その際，「次，どういうところに気を付けるか？」という視点で話し合い，個人が責められることがないようにします。

　また，たくさんの課題が出される場合があります。そのような時は，「まずみんなで何を気を付けるか」優先順位を決めて取り組むようにすると，よいでしょう。

（3） STEP 3　子どもたちが自分で考えて行動しているか

　ある子どもが，宿題で掃除の時間について書いた振り返りです。

> 　わたしは，つくえを運ぶ仕事でしたが，ほうきが1人休みでゴミがとれていない所が多いのではないかと考え，そうじロッカーを見てみるとほうきがあったので，つくえを運ぶ間にほうきをやりました。他のつくえをはこぶ人もほうきをやっていたのでいつも以上に教室がきれいになっているなと思いました。これからも考えることを大切にそうじをがんばっていきたいです。

　振り返りの会を繰り返すことで，子どもたちが自ら考えて行動しようとする気持ちをもって取り組んでいることが伝わってきます。

まとめ

STEP 1：自分たちの掃除の時間の取り組みを振り返る会を設定する
STEP 2：自分たちの課題を出し合う際は，個人を責めないようにする
STEP 3：自分たちで考えて行動している子どもを育てる

春休み
4月
5〜7月
夏休み
9〜12月
冬休み
1〜3月

「つながる力」を活かして学ぶ方法を選択する

（1）　STEP1　学習する方法を自分で選択できるように設定する

　子どもたちが自分なりにコミュニケーションをとれるようになってきたら，「つながる力」を活かして学習に取り組めるように授業のルールを設定します。子どもたちに説明したルールは授業中，よく見えるところに掲示し毎回確認できるようにします。

じゅ業中のルール

①自分で取り組む。
②一人ではむずかしいと思ったら、
　まわりの友だちに「今、聞いてもいい？」と声をかける。
　※声をかけられたら「いいよ」「後にしてもらってもい？」と
　こたえる
③となりの友だちと話をしてもかい決しなかったら
　せきからはなれて友だちに声をかける。

<u>○かい答だけをかくにんするのではなく、</u>
　<u>どうしてそうなるのか、かい決方法もいっしょにかくにんする</u>

　この方法に慣れるまでは，自分で取り組む時間を設定し，「○分たっても自分では解決が難しいと思った人は②に進みましょう。」と声を掛けるとよいでしょう。
　また，友達への声の掛け方についても，細かく確認して進めていくことが大切です。

（2）　STEP2　自分で判断できるように環境を整える

　上記のルールを設定すると，安易に友達に相談したり，ただ席に座っているだけになってしまったりすることがあります。子どもたちが自分で判断する力を養うという目的をよく確認して取り組むことが大切です。

　また教師が，子どもたちにとってちょうどよい課題を設定したり，個別に声掛けをしたりしながら子どもたちの学習を調整するとよいでしょう。

（3）　STEP3　どの子どもともつながる姿勢を育てる

　この方法で取り組むと，自分で考える時間を過ごしたら真っ先に仲のよい友達のところに行って時間まで過ごす子どもが出てきます。人間関係に引っ張られてしまい，学習の課題と向き合うことができない状態になっています。そこまででなくても，いつも同じメンバーで学習する姿が見られるようなら，この方法で取り組む回数を少なくする必要があります。

　「つながる力」を引き出しているつもりが，「つながっている人とだけで過ごす力」を育ててしまっては本末転倒と言えるでしょう。学習課題が解決したら，困っている友達を探して確認したり，色々な考えに触れてより分かりやすく説明できるように自分の考えを修正したりするよう，助言しましょう。

> **まとめ**
>
> STEP1：学習する方法を自分で判断できるように設定する
> STEP2：この方法の目的を繰り返し確認する
> STEP3：人間関係に左右されず，課題を解決しようとする態度を育てる

【参考文献】
・多賀一郎編・チームロケットスタート著『ロケットスタートシリーズ　小学5年の学級づくり＆授業づくり　12か月の仕事術』明治図書，2019年

春休み

4月

5〜7月

夏休み

9〜12月

冬休み

1〜3月

子どもたちが自分で考えて宿題に
取り組むようにする

（1） STEP 1　まず教師が取り組み方を示す

　学習も安定してきたタイミングで，宿題の内容も自分で選択して取り組めるようにします。

> 　これまで宿題の内容は，先生が決めてきました。学校での学習にも慣れてきたので，家での学習も自分で工夫して取り組みましょう。まずは先生が工夫の仕方を教えます。そのうち，自分で工夫の仕方を見つけたら先生に教えてください。

　上記のように子どもたちに説明したら，工夫の例として以下のような場合があることを説明します。

> ・出された宿題を，分かりやすく工夫してノートにまとめる。
> ・出された宿題の範囲を理解し，さらにプラスして問題に取り組む。
> ・「不思議だな」「興味があるな」ということを，インタビューしたりインターネットで調べたりしてまとめる。

　子どもたちが提出してきたノートを見ながら，少しでも工夫していたら褒めるようにします。

　取り組み方に慣れてくると，子どもたちのいろいろな考えが宿題の中に表現されるようになります。本人の了解を得てクラス全体で共有し，子どもたちの見方や考え方，個性を理解し合えるようにするとよいでしょう。

春休み
4月
5〜7月
夏休み
9〜12月
冬休み
1〜3月

（2） STEP 2　子どもたちの実態から宿題の出し方を検討する

　事実上，取り組みが増えることになるので，宿題の出し方については検討が必要です。

- ・これまでの宿題は継続し，週 1 回金曜日に自主的な学習に取り組む。
- ・これまでの宿題の量を少なくし，自主的な学習に取り組む。
- ・家庭での学習に余裕のある子どもだけまず自主的に取り組む。

　「自主的に取り組む」と言いながら，取り組みを強いることがあります。自分で進んで学習ができるよう，子どもたちの様子を見ながら宿題の出し方を検討するとよいでしょう。

（3） STEP 3　自分で深く考えている子どもを認めていく

　「まとめ方のうまさ」だけでなく，自分で深く考えているような場合も大いに認めていきます。宿題のノート上だけでなく，一声掛けると子どもたちはさらに意欲的に取り組むでしょう。

まとめ

STEP 1 ：まずは教師が取り組み方を示し，取り組めるようにする
STEP 2 ：子どもたちの様子を見て，宿題の出し方を検討する
STEP 3 ：自分で深く考えている子どもを認めていく

【参考文献】
　宿題への自主的な取り組みについては以下の書籍が参考になる。
・福山憲市『支援の技術シリーズ11　自学ノートの指導技術　小学 5 年』明治図書，1995年

6 「くらべ合う」時間を充実させて話合い活動を進化させる

(1) STEP1 「くらべ合う」ための視点を教える

　話合い活動で一人一人が自分の考えを言うことができるようになってきたら，「くらべ合う」時間をより充実させます。「くらべ合う」時間に様々な視点から検討することを通して互いの立場を理解することになります。そしてそれは「つながる力」を活かして課題を解決していることになります。

①「反対意見」を「心配なこと」と名付け，それを解決する

　話合い活動を行う際，「くらべ合う」ために，「賛成意見」や「反対意見」として子どもたちが考えを発表すると思います。話合い活動に慣れていないと，その意見のリスクにばかり目がいき，それぞれの考えのよさがいつの間にか忘れ去られてしまうことがあります。それを防ぐために，まず「反対意見」を「心配なこと」と名付けます。

　そして，それぞれの意見が出始めたところで，「『心配なこと』を解決すると，その意見はよりよい意見に生まれ変わります。考えられる人はいますか？」と問いかけます。子どもたちは「心配なこと」の解決を通して，より深くそれぞれの意見を「くらべ合う」ことになります。

②提案理由を意識する

　「くらべ合う」ことが活発になってくると，そもそもなぜ話し合っているのかを忘れてしまうことがあります。話合いを進める中で「提案理由」に沿って意見を発表している子どもの意見を取り上げ，「提案理由」を再度，確認します。必要に応じて，話合い活動の最後にも，その日決まったことが提案理由の何を解決したのか，クラス全体で確認するとよいでしょう。

（2） STEP2 「くらべ合う」ために板書を充実させる

子どもたち一人一人の考えが分かりやすく黒板にまとめられていると「くらべ合う」活動は充実します。

そのために，まず「賛成意見」「心配なこと」の数がどのくらい出されたか一目で分かるように，右の写真のようなグッズを用意し，それぞれの意見に合わせて黒板に貼っていきます。

また出された意見を黒板にまとめていく際，担当の子どもをサポートし，「賛成意見」や「心配なこと」が黒板にまとまるよう，助言します。

（3） STEP3　考えが変わることは悪いことではない

しっかりと意見を「くらべ合う」ことをしていると，自分の考えが変わることがあります。そういった子どもを取り上げながら，考えが「変わることは悪いことではありません。しっかりと考えた結果です。」と子どもたちに伝えるとよいでしょう。

> **まとめ**
>
> STEP1：「くらべ合う」ための視点を教える
> STEP2：板書が充実するように支援する
> STEP3：「考えが変わる」ことの意味をクラス全体で考える

【参考文献】
・文部科学省／国立教育政策研究所教育課程研究センター『みんなで，よりよい学級・学校生活をつくる特別活動（小学校編）』文溪堂，2019年

春休み
4月
5〜7月
夏休み
9〜12月
冬休み
1〜3月

7 つながる中で，自分や友達のよさに気が付く 学校行事

（1） STEP 1 学校行事の目的を確認し，教え合う時間を設定する

　9月～12月のこの時期に，運動会や学習発表会，音楽会等，保護者も巻き込んで学校全体が一つにつながる学校行事が行われます。運動会は健康安全・体育的行事として，学習発表会は文化的行事として学習指導要領に記載されており，それを受けて各学校で目的を設定していることでしょう。『小学校学習指導要領（平成29年告示）解説特別活動編』には以下のように書かれています。

　健康安全・体育的行事のねらいは，次のとおり考えられる。

　（中略）体育的な集団活動を通して，**心身ともに健全な生活の実践に必要な習慣や態度を育成**する。さらに，**児童が運動に親しみ，楽しさを味わえるようにする**とともに**体力の向上**を図る。

　文化的行事のねらいは，次のとおり考えられる。

　児童が学校生活を楽しく豊かなものにするため，**互いに努力を認めながら協力して，美しいもの，よりよいものをつくり出し**，互いに発表し合うことにより，**自他のよさを見付け合う喜びを感得**するとともに，**自己の成長を振り返り，自己のよさを伸ばそうとする意欲**をもつことができるようにする。

※いずれも太字は筆者

　2つのねらいを比べると，運動会が学校生活での習慣や運動の楽しみに力

点が置かれているのに対し，文化的行事は自分たちでよりよいものをつくり出し，自分や友達のよさに注目していくことに力点が置かれています。

　担任としても，子どもたちとしても１年間のうち，最も力の入るこれらの行事は様々な要素を詰め込み，子どもたちのパフォーマンスを強引に高めようとしがちです。まず，その学校行事の目的がどこにあるのか，自校の行事の特徴は何なのか確認し，どの指導に力を入れるのか確認することが大切です。

　目的を押さえた上で，学校行事に向けて取り組みの中で互いに教え合う時間を設定します。

　運動会であれば，団体演技の動きについて教え合います。振り付けの細かいところや立ち位置について全体で確認した後，互いの動きを見てアドバイスをし合います。体育館や校庭等広い場所で行うことが多いので，きちんとどの相手の動きを見るか確認して見合うとよいでしょう。教え合う中で，運動の楽しさに気が付けるようにすることがポイントです。

　学習発表会や音楽会であれば，発表する子ども一人一人のよさについて互いに見合う時間をクラスや学年全体で設定します。気が付いたことを全体で確認したら，それぞれのペアやグループでそのことが活かされているかどうか確認するとよいでしょう。「うまくできるようにする」ことが目的になりがちですが，「よさ」を友達と確認し，そこに向かって取り組むことを大事にしていきます。

　どちらも大勢での取り組みになるので，子どもたち一人一人がどのように教え合っているか見取るのは難しくなります。教え合うこと自体が困っている子どもを見つけ支援するとよいでしょう。

　子どもたちにとってみれば，自分たちが一生懸命取り組んだものにどのような意味があったのか，なかなか感じにくい活動となります。教え合った後は必ず，その成果について全体で確認します。教え合う前と後の映像を撮影し，教室で確認すると，その活動のよさに気付き，次の活動の際も意欲的に取り組むようになるでしょう。

春休み

4月

5〜7月

夏休み

9〜12月

冬休み

1〜3月

（2） STEP 2　自分のよさに気が付くよう，定期的に振り返る

　学校行事への取り組みが始まると何かと慌ただしく，取り組みについてしっかり振り返る時間が取りづらくなります。学校行事には特別な力があります。そこに向かって「頑張って取り組もう」という気持ちを大切にし，取り組んでいる姿を振り返り，自信にしていくことが大切です。

　慌ただしい日々ですので，時間を決めて，簡単に振り返る機会を設定します。例えば，金曜日の最後の授業を少しだけ早く切り上げて，5分間，友達とその週の取り組みについて振り返ります。

　振り返る内容を

・その週，自分が頑張ったこと

・友達の姿を見て，「いいな」と思ったこと

等，テーマを設定すると子どもたちは振り返りやすくなります。最後にクラス全体で共有すると，さらに活動は深まります。

　授業の時間に余裕があれば，第3章5節「1　いいところ見つけでつながる力を強化する」で示したように円になって一人一言ずつ発表してもよいでしょう。

　ある年の運動会での出来事です。Aさんは運動会の団体演技で移動するとどうしても自分の演技する場所を覚えられずにいました。Aさんに気が付いた私は，隣で演技するBさんに一緒に移動するようにお願いをしました。そのことを，Aさんはクラス全体の場で発表しました。Bさんは少し照れくさそうにしていましたが，その後も優しく声を掛けながらAさんをサポートしていました。Bさんのサポート，何より繰り返し練習したAさんの努力の甲斐もあって，自分でその場所を覚えることができるようになりました。

　時間にして，30秒にもみたない伝え合う時間でしたが，その時間があったからこそ，Aさんが自分でできるようになる姿が生まれたのだと思っています。振り返りの時間を取り，丁寧に確認することの大切さを感じた忘れられないエピソードです。

（3） STEP 3　自分の行動のよさから人間的なよさに気が付く

　子どもたちが教え合い，そして振り返る中で，自分や友達のよさに気が付くことでしょう。しかし，子どもたちにとっては，「○○の場合は，△△する」と学んでいる場合が多く，他に転用されないこともあります。

　子どもたちに一番感じてほしいのは，その行動を支えている人間性の部分です。先ほどのエピソードの例を見れば，Bさんは担任である私に頼まれた時に，快く引き受けました。きっと「困っている人を助けるのは当然のこと」という考えをもっているのでしょう。

　BさんはAさんに教える時も命令口調にはならず優しい口調で伝えていました。「できる」「できない」で人の価値を判断しない姿勢は素晴らしいことです。子どもたちはそれらのことを感覚的に感じ，互いに受け止め合っています。教師はそのことを言葉にし，子どもたちに伝えることが大切でしょう。

　私は子どもたちのそういった姿を写真に撮り溜め，12月に行われる保護者との面談の際に，エピソードと一緒に伝えています。保護者の方もまた，迷いながら子育てをされている方がたくさんいます。ご自分のお子様の写真を見ながら，大事にしていきたいことを確認される方が多いようです。

まとめ

STEP 1：学校行事の目的をもとに，教え合う時間を設定する
STEP 2：自分のよさを確認できるように定期的に振り返る
STEP 3：教師が言語化し，人としてのよさに気が付けるようにする

【参考文献】
・文部科学省『小学校学習指導要領（平成29年告示）解説特別活動編』東洋館出版社，2018年

春休み
4月
5〜7月
夏休み
9〜12月
冬休み
1〜3月

ケアの視点 一人一人を励まし，本音で話ができるようにケアする

（1） 物事の向き合い方を教えて，自分を諦めている子どもを励ます

　それぞれの活動が進んでいくと，クラスの中では，「できる」子どもと「うまくいかない」子どもがはっきりと分かるようになります。子どもによっては他者と自分を比べ，自分ができないことに傷ついていることがあります。

　「傷つく」まではいかなくても，「自分には○○は無理だ。」と諦めている子どもはいるでしょう。

　もちろん人それぞれ，得意なことや苦手なことは違いますが，３年生の段階で諦めるのは早すぎるものも数多くあります。

　活動に取り組む際は，うまくいかない時にどのような心構えでいればいいか，事前に話をするようにします。取り組んでいる際も，子どもたちの様子を見ながらその頑張りが「明日の自分を作る」ことを伝えます。

　また，機会を見つけて私は以下の話をするようにしています。

> 　赤ちゃんは生まれてから自分で歩こうとつかまり立ちしては，転んでしまいます。もし，そこで諦めてしまったら…，そうその赤ちゃんはその後歩くことはできないでしょう。そういう意味ではみんなはたくさんのことに挑戦し，失敗し，できるようになって今，先生の目の前に座っていることになります。

　子どもたちの様子を見ながら小さな一歩を踏み出したことを一緒に喜び，うまくいかない時は励ます姿勢が大切になります。

142

（2）　人間関係ができている子どもと一緒に気になる子と話をする

　クラスにどことなく表情が暗く，疲れていそうな子どもがいた場合は，直接聞かず，周囲の子どもたちに聞くという方法もあります。例えば，休み時間や給食を食べている時などに，気になっている子どもの周辺で，教師と人間関係ができている子どもと会話をするようにします。

> 先生：最近，どうですか？　疲れていませんか？
> 子Ａ：運動会の練習が少し疲れますね…。
> 先生：Ｂさんはどう？
> 子Ｂ：運動会の練習，疲れますね…。
> 子Ｃ：えー！　Ｂさんも疲れているんだ。いつもちゃんとやっているから余裕なのかと思った。
> 先生：みんな，一生懸命頑張っているということですね。

　周囲の子どもたちは本音で話を始めますので，その雰囲気を感じ，Ｂさんも本音で話ができるようになったようです。また，この会話をきっかけに周囲の子どもとＢさんがつながっていくこともあるでしょう。

　もう一歩踏み込んで話をしたいようならば，「さっきの話だけれど」と伝えて，個別に話をするとよいでしょう。

まとめ

- ・自分を諦めてしまっている子どもを励まし，粘り強く取り組めるようにしていく
- ・教師が直接，子どもに話しかけることに加え，周囲の子どもたちを巻き込んで会話し本音を引き出す

プライベートも充実させるためのアドバイス

冬休み

1 効率的に過ごしたい冬休み

　冬休みの期間は，私生活においても家の片付けや実家への帰省，親戚への挨拶等，何かと慌ただしい時期となります。1年間を締めくくり，新しい1年を始めるこの時期を，心身ともにゆっくりと休みリフレッシュすることが，日々の教育活動を行う上では何より大切なことだと思います。

　一部の地域を除いて冬休みは年末・年始の約1週間ずつ，合計約2週間という短い期間になります。予定を少し入れたら，あっという間に冬休みが終わり，子どもたちが登校してくることになります。

　充実した冬休みを送るためには，工夫して過ごすことが必要となってきます。

2 充実した冬休みを送るためには，その前の期間が重要

（1） 子どもと一緒にやれることは子どもと行う

　冬休みを効率よく過ごすためには，冬休みだけで考えるのではなく，冬休み前の期間も含めて考えることが大切です。何かと慌ただしい年末は，様々な仕事を後回しにして，自分でやってしまおうと抱え込みがちになります。

　それらの仕事のうち，子どもたちと一緒にできるものは子どもたちが登校しているうちに，一緒にやることを心がけます。

例えば，廊下の掲示物を剥がしたり，教材を準備室に戻したりという作業は，教師が一人で行うのと子どもたちと行うのとでは時間的にかなりの差があります。「掲示したままの方が一人一人の作品を確認して，評価を記録しやすい」「他の先生が剥がしていないと剥がしづらい」等の理由で後回しにしがちですが，それらの理由は大して重要ではないことの方が多いです。

　「子どもたちと一緒にやる」ということは，その分，指示を出したり，終わった後どのように過ごすか等を考えたりするので少々手間ですが，それを考える時間を含めても子どもたちと一緒にやった方が早く処理ができるか考えることが大切です。

（2）　事務仕事は冬休み前に進めておく

　１週間の指導計画やその実績を記入する週案簿や子どもたちの出欠席を記録する出席簿は，冬休みが入るそのタイミングで，点検を行うことが多いと思います。冬休みに入ってからまとめて整理しようとするとかなりの時間が必要となります。

　勤務する１週間のうち，１日10分×５日分と設定して集中して取り組むと自分が思っているよりも早く整理することができます。

　学年での点検する作業等，どうしても一人ではできないものについては，冬休みに入る際に取り組みますが，できることは進めておくとよいでしょう。

③　冬休みに取り組んでおきたい３つのこと

（1）　年度末までの学習の計画を見通す

　冬休みが明けると，年度末まであっという間です。３ヶ月あると思いがちですが，１月は冬休み，２月は他の月よりも日数が短い，３月は春休みの影響で，実はそんなに子どもたちが登校する日数はありません。

　限られた時間の中で，どのような学習が残っているのかまず確認します。

春休み

4月

5〜7月

夏休み

9〜12月

冬休み

1〜3月

特に，卒業に向けて学校全体で取り組んだり，学年で学習のまとめとして発表会をしたりすると，かなりの時間をそこに要することになりますし，特別教室の使用も制限されます。残された学習内容をもとにどのように行っていくか，計画を立てるとよいでしょう。

（2） 冬休み明け３日間をどのように過ごすか考える

年末・年始はゆっくりと過ごすことを考えると，まだ頭が働いている冬休みに入るその日に，冬休み明けのことを簡単に計画しておきます。私は以下のような内容について計画を立てます。

・子どもたちと緩やかに学校が始められるミニゲーム
・効率よく提出物を回収する方法
・久しぶりの学習を楽しく取り組む工夫
・冬休み明け２日目以降，学校生活のリズムをつかめるような工夫
・書き初め大会の進め方の確認

子どもによっては家庭環境が複雑であったり，生活習慣が乱れていたりする場合もあります。冬休み明けは，「一年の始まり」という特別な雰囲気を大切にしつつ，緩やかに始められるとよいでしょう。

上記のことに注意しながらも，冬休みは夏休みと違い，その期間が短いことから，活動的な授業をするとすぐに勘を取り戻すと思います。活動的な授業を上手に組み合わせながら，計画していきます。

授業以外の学校生活においても，重点的に指導する内容を決めておきます。「あれも，これも」とならないようにし，今まで確認してきたもののうち，どのようなことを子どもたちに意識させるとよいか考えましょう。

冬休み明けに体育館等に集まり，大きい半紙に書く「書き初め大会」を行う学校が多いと思います。３年生の子どもたちにとっては初めての経験となります。参考として学年で検討する際の資料を載せます。学年の先生ともよ

＜相談し，冬休みの前半に計画を立てておくとよいでしょう。

書初め大会の流れ＜1月8日（金）1，2校時＞

8：25　教室で説明
　　　　・新聞紙の敷き方を動画で見せる
　　　　・書き方、書いた半紙の置き方を説明する。
　　　　・補強用色画用紙の貼り方を説明する。

8：45　体育館へ移動開始
　　　　・新聞紙をひき、習字道具を準備する
　　　　・バケツに水を汲む（汚れたときの雑巾準備）

9：15　開始
　　　　・活動の流れ…書き初め用紙は一人3枚
　　　　　　　　　　　　1枚に補強用色画用紙紙を貼り提出
　　　　・注意すること…走らない、騒がない、床が汚れたらすぐにふく。
　　　　・準備できたらステージに半紙を3枚とりに来る
　　　　・教師に伝えいたいことがあったらその場で手を挙げ、声をかける。
　　　　・丁寧に書くように確認する
　　　　・上手に書けたものに補強用色画用紙を貼り、提出

9：55　片付け開始　ここまでに終えられるように促す。
　　　　・墨がついているところがないか、しっかりチェック

10：10　教室へ移動

＜準備するもの＞
（教師）・バケツ4つ　・ゴミ袋45L×2　・補強用の色画用紙　　・雑巾
　　　　・のり（予備）・新聞紙（予備）・ヒーター　・トイレットペーパー
（児童）・習字セット　・新聞紙（大き目）　・のり

＜場の設定＞
○ステージ向かって、左が1組　右が2組　中央に頭が向くようにする。
○各クラス4列×8、3列×8＋1人
○移動する際は、いったん壁側に行き、動く。
○新聞紙のしき方や書き方などをプレゼンテーション資料をもとに事前に指導する。

まとめ

・冬休みの期間は短く，その多くはリフレッシュにあてる

・冬休み前に子どもたちと行えることをしっかりと行う

・事務仕事は冬休み前にこまめに時間を設定して取り組む

・年度末までの学習の計画を見通す

・冬休み明けの計画を立てる

7 「つながる力」を 様々な力と連動させて, 自立しよう

1～3月

自立に向かって,「つながる力」を引き出す

(1) 自分たちで進められる子どもを育てる

　これまで育ててきた「つながる力」を使って, 教師の支援が少ないところで子どもたち自身が活動を進められるようにしていきます。

　そのために一番大切なのは, 教師が余計な口出しをせず, じっくりと子どもたちを見守ることです。

　もちろん見守っているとうまくいかないこともあるはずです。自分たちで修正できるかどうか見守る中で, どうしてもうまくいかないようでしたら, 個人的にアドバイスするようにします。「クラスでの全体指導は最終手段としてとっておく」くらいの気持ちで, 子どもたちを見守るようにします。

　朝の会や帰りの会を始める際の声掛けであったり, 給食当番の準備や片付けが遅れ気味であったりすると, ついつい教師が声を掛けてしまいます。また声を掛けなくても, 子どもたちの見えるところに立ち, 雰囲気でそうするように促しているでしょう。

　教師の立ち位置や表情にも意識しながら, 子どもたちの様子を見て関わっていくようにします。

(2) 支援を少なくできないか検討する

　1年間を通して, 個別に支援が必要な場面は多くあります。そういった場面でしてきた支援がなくてもよい状態を模索します。もちろん, 子どもによ

っては「なくてはならない支援」になっていることもあるので，いきなり0
に戻すことはしません。

「支援して落ち着いている」状態に満足せずに，担任やクラスが替わって
も持続可能な支援になっているか確認していくようにします。

（3） 成長を自分の自信にして次学年へ

冬休みが明けて，次の学年が見えてくると，担任としては，「さらに成長
させなければいけない」と力が入りがちです。子どもたちと長い時間をかけ
て一緒に過ごしてきたからこそ見える課題もありますが，ここまできたら今
まで積み上げてできるようになったことに目を向けます。

そしてその積み上げてきたものが新しい環境になっても見失わないよう，
自信としてもっていられるように確認していきます。確認する際は，言葉で
伝え合ったり，目に見える形にしたりするとよいでしょう。

これまでの成長に目を向け，互いに認め合える時間を多く過ごせるように
しましょう。

春休み

4月

5〜7月

夏休み

9〜12月

冬休み

1〜3月

> **まとめ**
>
> ・些細なことから教師が見守り，自分たちで進められる時間を多くす
> る
> ・これまで支援してきたことをもう一度，見直す
> ・これまでの成長に目を向け，互いに認め合う時間を大切にする

1 当番活動から自立する

（1） STEP 1 「日直の仕事以外の雑務」を，個人で取り組む

　子どもたちが自分で考え，友達と協力しながら毎日の生活を送れるように
なってきたら，次のように子どもたちに投げかけます。

> 　４月からみんなはたくさん成長しました。先生が「○○しなさい」
> と言わなくても，毎日の生活を送れるはずです。そこで，今まで分担
> してきた仕事を，これからは気が付いた人がやるようにしたいと思い
> ますがどうですか。

　具体的には，第３章２節「５　日直の仕事を絞り，クラスの友達とつなが
る」で生活班で分担した，「日直以外のちょっとした雑務」を個人で取り組
むようにします。「教師が分担する」ことで守られていた子どもたちがその
システムから出ても「つながる力」を活かして生活していけるようにするの
です。混乱を避けるために次のようなやり取りをしましょう。

> 先生：教室の窓が開いていないことに気が付きやすいのは誰だと思い
> 　　　ますか？
> 子Ａ：窓の近くに座っている人です。
> 子Ｂ：朝，最初に教室に来た人です。
> 先生：そうですね。「気が付いた人」がやるのですが，誰か任せにせ
> 　　　ずに「気が付く力」を磨いていきたいですね。

　必要に応じて，他の仕事でも確認するとよいでしょう。

（2）　STEP 2　仕事を「奪い合わない」よう，確認する

　このようにすると，自分がやろうと思って行動した時に，目の前でその仕事を他の友達がしてしまうことがあります。「仕事を奪われた」と思ってやる気を失ったり，トラブルに発展することもあるでしょう。そんな時は，クラスの子どもたちに以下のように話してみてはいかがでしょうか。

> 　自分がやろうとしていたことを，目の前で違う友達がやってしまうというようなことはありませんか？　きっと，横取りされたような気持ちになると思います。でも，落ち着いて考えると，クラスのために働こうとする人が「クラスにもう一人いる」ということになります。それは嬉しいことですよね。クラスのために働く仲間に「ありがとう！」と伝えて，そんな人を増やそうとしたらたとえ目の前の仕事ができなかったとしても，価値ある行動をしていることになると思います。

　奪い合うのではなく，与え合う姿勢を子どもたちに伝えましょう。

（3）　STEP 3　1週間を通して，全員，取り組めているか

　当番として子どもたちに分担をしていない分，子どもたちがどの程度取り組んでいるか把握しづらくなります。時折，子どもたちと確認し，取り組めていない子どもと話をするようにしましょう。

まとめ

STEP 1：日直の仕事以外の雑務の分担をやめ，個人で取り組む
STEP 2：仕事を「奪い合う」のではなく，「与え合う」姿勢を確認する
STEP 3：定期的に全員，取り組めているかどうか，確認する

春休み
4月
5〜7月
夏休み
9〜12月
冬休み
1〜3月

2 「成長したこと」発表会

（1） STEP 1 「自分が頑張って成長したこと」を考える

　3年生の1年間で自分が成長したことをまとめ，発表会を行います。以下の手順で発表会の準備をします。

---

①この1年間を振り返り，「自分が頑張って成長したこと」を考える。
②発表する相手を決める。
③考えたことをもとにグループに分かれる。

　1年間を振り返ると，そのクラス特有の取り組みで力がついたことや工夫して取り組んだり努力を続けたりしてできるようになったことがあると思います。そういったものをまずはクラス全体で出し合います。出し合ったものを参考にしながら，「自分が頑張って成長したこと」を考えます。

　それでも考えつかない場合はつながっている友達にアドバイスをもらいます。互いに頑張っていることや成長したことを友達からアドバイスをもらうことで，その子ども自身が気付かなかった成長が知れ，それは自信になるでしょう。

　一人一人が考えられたら，発表する相手を決めます。子どもたちがよく想定するのは，保護者だったり，来年3年生になる現・2年生だったりするでしょう。

　考えたものは一度，教師が集約してグループを作ります。グループは，同じテーマ毎に組んだり，それぞれのテーマが集まるグループをいくつも作ったりする方法があります。発表相手を考慮に入れて方法を選ぶとよいでしょう。

（2） STEP 2　発表方法や内容を自分たちで考え，取り組む

④グループで発表方法を決める。
⑤一人一人の持ち時間を伝え，発表内容を考える。
⑥リハーサルを行い，互いの発表にアドバイスをする。
⑦発表会を行い，振り返りをする。

　発表方法や内容は自分たちで話し合って決めます。1人1台配付されている端末を使ったり，劇にしたりと，子どもたちは思い思いの発表方法や内容を考えるでしょう。教師は，それぞれの発表方法や内容がスムーズにつながるように順番を考え，発表会の形にしていきます。

　リハーサルでは，文化的行事の経験を活かし，互いの姿を見ながら助言し合えるとよいでしょう。

（3）　STEP 3　胸を張って自己表現できる子どもを育てる

　発表会の中心は，「1年間で自分が頑張って成長したこと」を胸を張って発表することです。ほんの些細なことでも，その子どもの成長にとっては，とても大事なことです。それをつながっているクラスのみんなで受け止め合いながら，クラスの外の人に伝えさせることで自信がもてるようにします。発表の際はその子どものよさが伝わるように表現を工夫させるとよいでしょう。

まとめ

STEP 1：クラスで意見を出し合いながら「成長したこと」を考える
STEP 2：発表方法や内容を友達と話し合って決める
STEP 3：胸を張って自己表現できるように支援する

春休み

4月

5〜7月

夏休み

9〜12月

冬休み

1〜3月

新しい学年に向けて自分の気持ちを伝え合う

（1） STEP 1　新しい学年に向けて自分の思いを伝え合う

　新しい学年のことが見えてくる2月中旬頃になると，教室の雰囲気が何だか落ち着かずトラブルが多くなる時があります。子どもたちに次のように語りかけます。

　この教室で過ごすのもあと残り1ヶ月くらいとなりました。みんなは4年生に向けてどんな気持ちでいますか？　正直な気持ちをみんなに，先生に教えてください。

　発表する時は，第3章3節「8　話合い活動を立ち上げる」の時のようにクラスで一つの円になり，ぬいぐるみを回すとよいでしょう。ある年の子どもたちは以下のように答えました。

・楽しみな気持ちでいます。どうしてかというと，新しいクラスで誰と一緒のクラスになるかワクワクするからです。
・心配な気持ちでいます。新しい学年の勉強が分かるかどうか不安だからです。
・楽しみと不安が半分半分です。今年は楽しかったから次の学年も楽しいだろうと思うけれど，うまくできるか分からないからです。

　そんな素振りを見せない子どもが「実は…」と話を始めることが多くあります。自分が思っていたよりも子どもが色々なことを考え，そして揺れ動いていることが分かります。

（2） STEP 2　不安定な時期をどのように過ごせばいいか話し合う

子どもたちが思いを発表したら次のように教師は投げかけます。

> みんなの気持ちを教えてくれてありがとう。みんなが色々な気持ち
> を抱えて毎日を過ごしていることが分かりました。楽しみな人，不安
> な人，色々な人がいるとクラスは落ち着かない雰囲気になります。4
> 年生でそれぞれが充実した毎日になるためにどうしたらいいか話し合
> いましょう。

　その年によって話し合う方向性は異なりますが，そこから自分たちのよさ
を確認できるようなイベントを行うことが決まったり，互いのいいところを
伝え合う活動をしっかりと続けていこうと確認したりしました。ある年は
「新しい学年になったら前の学年のことを思い出して頑張ればいい」と自分
の気持ちをどのように保てばいいか確認することもありました。
　不安定な時期に，子どもたちの様々な思いを受け止め合い，励まし合える
ようにしていくことが大切です。

（3） STEP 3　自分の気持ちを話せ，解決できるクラスにする

　自分の気持ちを正直に話せるためには，否定せずに受け止めてくれる友達
の存在が必要です。一部の子どもではなく，クラス全体で受け止め合い，そ
してそれを前向きに解決していけるクラスにしていくことが大切です。

まとめ

STEP 1：新しい学年に向けてどのように感じているか伝え合う
STEP 2：不安定な時期をどのように過ごせばいいか話し合う
STEP 3：一人一人の思いを受け止め合えるクラスづくりをする

学習を自立させる

（1） STEP 1　学習したことを活かしてまとめる活動を設定する

　子どもたちが学習の方法を選択し学びを深められるようになってきたら，学習したことを活かしてまとめる活動を通して，「つながる力」を様々な力と連動させながら自分で学習を進められるようにします。これまでも国語や社会でリーフレットを作ったり，理科で学んだことを活かしておもちゃづくりをしてきたと思いますが，自分で学習を進めようとすれば，困る場面が出てきます。そういった時に，これまで培ってきた「つながる力」を活かして，解決していくようにするのです。以下のような手順で学習を進めます。

---

①まとめたものを作成する目的を確認する。
②学習の計画を立てる。
③学習を進める。
④学習をまとめる。

　リーフレットやおもちゃづくりを行うにあたっては，子どもたちがその目的をきちんと理解する必要があります。そうでないと，出来上がったものは自己満足となってしまいます。その際，出来上がったものを見せる相手がいることが重要になってきます。

　目的が確認できたら，学習の計画を立てます。計画する際，その多くを子どもたち一人一人に委ねるか，クラス全体で確認したり，教師が計画したりするかは子どもたちの育ちや学習する内容によって変わります。

　教師は順調に学習を進められているかどうか適宜確認します。行き詰まっていたり，全く違う方向に行ったりしている場合は，アドバイスをします。

（2） STEP 2　出来上がってきたものを交流し，修正する

　学習をまとめる際は，クラスの友達と見せ合ったり，学習した内容を確認したりする時間を取るようにします。それまで，自分自身で進めていたことの中には，深まっていなかったり少々の勘違いがあります。互いの学びの中からそういったものを見つけ出し，修正するようにします。

　出来上がったものは目的として設定した「相手」に見せて，感想をもらうようにします。感想の内容も大事ですが，出来上がったものを見ている表情，驚きや楽しむ声などが子どもたちにとっては何より嬉しいようです。

　そういった感情の交流もできるように，場を設定することが大切です。

（3） STEP 3　子どもが思いをもってまとめられるように支援する

　学習をまとめる際は，完成度も大事ですが，子どもたちの個性を大事にしてまとめられるように助言します。少々型破りでも，その子どものもっている世界観を大事にし，それを後押しするとよいでしょう。

> **まとめ**
>
> STEP 1：学習したことを活かしてまとめる活動を設定する
> STEP 2：出来上がってきたものを交流し，修正する
> STEP 3：子どもが思いをもってまとめられるよう支援する

【参考文献】
　子どもたち一人一人が自立した学習者にするためにはどうすればいいか長年，考え続けてきた。ここでは以下の書籍を紹介する。
・小山儀秋・監修，竹内淑子・著『新装版 教科の一人学び「自由進度学習」の考え方・進め方』黎明書房，2022年

春休み
4月
5〜7月
夏休み
9〜12月
冬休み
1〜3月

「まとめる（決める）」判断も子どもたちに委ね，話合い活動で自立する

（1） STEP 1 「適切な多数決」を経験し，それ以外の方法も知る

　話合い活動を繰り返し指導してくると，子どもたちは自分たちだけで進められるようになってきます。

　「出し合う」や「くらべ合う」ことに慣れてくると，自然と「まとめる（決める）」を意識するようになってきます。話合い活動は意見を言えばいい活動ではなく，意見を言い合う中で課題の解決に向かわなければなりません。そういう意味では，「まとめる（決める）」場面が重要になってきます。

　話し合う中で，最後に多数決を行うと，決まった意見以外の考え方が全く反映されないことがあります。いわゆる，「数の暴力」となることです。

　もちろん「くらべ合う」中で修正意見が反映されていけばそういうことにはなりませんが，現実はそういった内容ばかりではないはずです。「くらべ合う」際，それぞれの意見について十分検討がなされた時，多数決でクラスの合意形成を行います。

　この「十分検討がなされた」経験を積み重ねてくると，多数決へと移る判断を子どもが適切にできるようになります。

　多数決を何回か行っていると，子どもたちは多数決で安易に決めてしまおうとします。しかし，提案者に寄り添った解決を目指すならば，それ以外の決め方もあります。

　例えば，クラスに転入してきた子どもの歓迎会を開くような場合は，クラスで多数決をとって決めてもいいですが，転入してきた子どもが何をしたいか聞き，決める方法もあります。

　そういった話合い活動を積み重ねながら，最終的に子どもたち自身が自分たちで進められるようにしていくとよいでしょう。

（2） STEP 2　手軽に多数決で集計する方法

多数決をする際，人数を数えることに手間取ってしまうことがあります。ロイロノートのアンケート機能を使うと簡単に集計することができます。

あらかじめ「A，B，C」と選択肢を用意しておき，多数決になったら用意していたアンケートを子どもたちに送付します。子どもたちがアンケートに答えたら，TV画面で結果を伝えるとよいでしょう。

（3） STEP 3　何を大切にして「まとめる（決める）」かでその質が分かる

話合い活動において何を大切にして「まとめる（決める）」かで，その質が分かります。教師は子どもたちの話し合う姿を見ながら，クラスで何を大切にするか意識するとよいでしょう。

> **まとめ**
>
> STEP 1 ：適切な多数決の経験を積み重ね，それ以外の方法も知る
> STEP 2 ：ロイロノートのアンケート機能を使うと手軽に集計できる
> STEP 3 ：何を大切にして「まとめる（決める）」かで活動の質が分かる

【参考文献】
・文部科学省／国立教育政策研究所教育課程研究センター『みんなで，よりよい学級・学校生活をつくる特別活動（小学校編）』文溪堂，2019年

6 新しい学年につながる学級じまい

（1） STEP1　子どもたちが前を向き4年生を過ごせるようにする

　クラスの子どもたちのほとんどが号泣し，「このクラスじゃなければ嫌だ。」「4年生も松下先生がいい。」と口々に言う最終日。素敵な1年間を過ごしたからこそ訪れるそんな最終日を，いつの日からか目指さなくなりました。

　約2週間後には新しい学年，クラスでの生活が始まります。そこでまた新しい先生や友達と出会い，「今年も頑張ろう！」と思いを新たにする時，それらの経験が邪魔するのではないかと考えるようになったからです。

　新しいクラスの教室で「3年生の時の方がよかった」と後ろ向きに生活するのではなく，これまでの生活が糧になり4年生がさらに充実した日々で過ごすことができるように，私は最終日に次のような話をしています。

　いよいよ，このクラスで過ごす最後の日になってしまいました。とても寂しい気持ちです。このままこのクラスが続けば，もっと楽しいことがあるのかなぁと思ってしまうこともあります。

　でも考えてみれば，「みんなとずっと一緒にいる」ことはいいことなのでしょうか。4年生でも，5年生でも，6年生でも，中学生でも，高校生でも同じクラス，同じ先生だとしたらどうですか。

　辛いことや寂しいことがあった時，3年生を思い出すことは悪いことではありません。3年生の生活を思い出す中で「頑張ろう！」と元気になってほしいと思います。みんなは4月から新しいクラスになって，一人一人が充実した毎日が送れるような場所を自分たちの力で作ってきました。これからも新しいクラスで楽しむみんなをいつまでも応援しています。

春休み

4月

5〜7月

夏休み

9〜12月

冬休み

1〜3月

（2）　STEP 2　写真を掲示し，今までの生活を語り合える環境に！

　最終日は，子どもたちが前を向くために特別な演出をしないようにしていますが，全ての掲示物を外し，片付けもほとんど完了しているような殺風景な教室もどこか寂しく感じます。

　そこでその 1 年間を自然と振り返り，印象的な出来事が分かる写真をＡ4サイズに印刷し掲示します。子どもたちは写真を見ながら，友達と自分たちが取り組んだことを語り合うでしょう。

　掲示する前に，全員の子どもが写真のどこかには必ず写っているか確認しましょう。

（3）　STEP 3　最終日に詰め込むのではなく，日々の中で伝える

　終わりが近づいてくると，教師は自分の思いを伝えたくなったり，やりたいことが出てきたりします。「他のクラスがやっているならばうちのクラスもやらなければ…」と焦る気持ちも出てくるでしょう。

　しかし大切なのは，そこまで過ごした日々の生活です。教師の思いは最終日に詰め込むのではなく，それまでの日々の中で子どもたちに伝えられるようにします。

　最終日に，それまで伝えてきたことが子どもの姿として現れていたとしたら，それを認め励ますとよいでしょう。

> **まとめ**
>
> STEP 1：前を向いて新しい学年を迎えられるように話をする
> STEP 2：自然と 1 年間の取り組みを語り合える教室環境にする
> STEP 3：最終日に思いを詰め込まず，日常生活の中で伝える

ケアの視点 子どもたちの不安に寄り添い，そっと背中を押す

（1）「新しい学年でも大丈夫！」というメッセージを常に伝える

　1年間が終わりに近づくと教師としては目の前の子どもたちと別れる寂しさとともに，不安や心配があった自分のクラスもなんとかゴールできそうだということに，どこかほっとした気持ちになります。

　一方で子どもたちはどのような気持ちなのでしょうか。本節「3　新しい学年に向けて自分の気持ちを伝え合う」でも述べましたが，子どもたちは新しい学年やクラスについて，ポジティブな感情ばかりではなくネガティブな感情ももっています。表向きはそういった素振りを見せない子どもも色々な感情をもっていることに気付かされます。

　教師は，「新しい学年でも大丈夫！」というメッセージを常に伝える気持ちで生活することが大切です。

（2）　不安や心配していることを聞き出す

　「3　新しい学年に向けて自分の気持ちを伝え合う」で不安や心配なことがあると答えた子どもたちには，時間を作って，詳しく話を聞きます。

　話を聞く際は，思いを受け止めながら「新しい学年でもうまくやっていくコツ」を教えます。新しい学年でその通りにするかどうかは分かりませんが，どのようにすればいいか，その方法が一つあるだけで安心する子どもは多いです。

　話を聞いたら申し送り事項の資料にその思いを追加します。新しい担任は，3月の子どもたちの思いから考えることができるので，4月の対応がスムーズになります。

（3） 新しい年度で話題にする

　異動せずに，同じ学校にいる場合，新しい担任や学年で関わる先生と，不安を感じていた子どもについて世間話のようにして情報を伝えます。

> 自分：3月にAさんと話をした時に，「算数が不安」と言っていましたが，今，様子はどうですか？
> 担任：先生が引き継ぎ資料に書いてくれていたので，よく話しかけるようにしたら，自分でペースをつかんだようです。
> 自分：分からない時には，Bさんが上手に教えていたのですよね。
> 担任：Bさんは周りの状況をよく見て上手に関わる様子があるのですが，学習中も教えることができるのですね。
> 自分：Cさんも慣れてくると，困っている友達にそっと声を掛けることができますよ。
> 担任：えっ，そうですか。まだ緊張しているのでしょうね。
> 自分：窓を開けたり，電気をつけたり，よく気が付きます。
> 担任：今度，声を掛けてみますね。

　新年度のスタートがして間もない時期に，その子どものよさを伝えることで担任との関係をよくなるようにします。自分をアピールできない子どもの背中をそっと押すような後押しができるとよいでしょう。

まとめ

- ・「新しい学年でも大丈夫！」というメッセージを常に伝える
- ・必要に応じて不安なことや心配していることを聞き出し，申し送る
- ・新年度に新しい担任や関係する先生と話題にする

Column 2 子どもたちのつながる力が見せてくれたもの

今も昨日のことのように思い出す光景があります。

卒業式が滞りなく進み，残すのは卒業生が退場するだけとなりました。勤務していた小学校では担任が体育館の入り口に立ち，卒業生一人一人の旅立ちを見送ります。6年生の担任として，一人一人の子どもたちの顔を見ながら，卒業を祝う気持ち，「もう少し何かできたのではないか」という口惜しい気持ち，「これからの人生が少しでもいいものになって欲しいな」という願いがごちゃ混ぜになり，胸が一杯になりました。

最後の卒業生を見送り，会場にいる方々に感謝の気持ちを込めて深くお辞儀をしました。子どもたちのことを思い，様々なものを背負ってやってきた中でのお辞儀は，感極まるものがありました。

全てを終え，体育館を後にし，通路を歩くその先に，先ほどまで見送っていた卒業生が全員で待っていました。

いるはずのない卒業生の姿を目にし，頭が真っ白になりました。

「校舎に入る扉の鍵がかけられていたのか」「卒業式に向けて練習をしていた時は，すぐに体育館に戻っていたので勘違いをしたのか」と混乱した頭で考えていると，代表の子どもが話をし始めました。

そして，その年の音楽会に向けて，音楽の先生が作曲し，子どもたちと相談して作詞したオリジナルソング「伝える，ありがとう」を全員で合唱し始めたのです。

「やられた…」と思った時はもうすでに遅く，卒業式では気を張っていて泣かなかった私の頬に涙が伝いました。会場から出てきた保護者と目の前で泣きながら歌う子どもたちに囲まれ，私の目からは後から後から涙が溢れてきました。

後から聞いたのですが，子どもたちはこのサプライズを行うために，音楽の時間に先生にお願いをし，合唱の練習をしていました。卒業式の後に外で伴奏を流すのですから大人の力も必要です。子どもたちと保護者が力を合わせて管理職や同僚の協力を取り付け，その場を用意したそうです。

その時の記録写真をよく見ると，卒業式の後の解放感からリラックスしている子ども，大勢の大人を前にして緊張している子ども，号泣している子ども等，様々な姿が見られました。そこにいる一人一人の思いを大事にしながら，それでもその場で全員が同じ時間を共有していることが分かり，嬉しく思いました。

卒業した子どもたちと過ごした日々には，本当に色々なことがありました。ずっと心配ばかりしていましたが，それでもこうやって人とつながり，「つながる力」を使って自分たちのやりたいことをやってのける子どもたちならば，「もう大丈夫かな」と安心しました。

そして，その日のその姿を迎えるまでには，子どもたちを取り巻くたくさんの方々とつながり，そして「つながる力」を引き出してきたのだと思います。

「つながる力」を発揮して小学校を巣立つその姿から，どんな学年でも私が教育現場で大切にしていかなければいけないことを教わったように思います。

あとがき

　世間では時折，「絆」や「チーム○○」という言葉を使って，成功体験が語られます。その一方で，一定数の方がそのような内容に対し同調圧力のようなものを感じ，息苦しくなっているのも目にします。これまで表面的に「つながる」ことを強制され徒労感だけが残っているような方々は，それらの言葉に対し嫌悪感も湧いてくるのではないでしょうか。

　多様性を大切にする現代においては，一昔前のように一つの目標に向かって団結し，がっちりと全員で家族のように「つながる」ことを求めるのではなく，一人一人の参加の形やあり方を互いに認め合いながら，何かあった時には助け合う関係づくりを目指すことが大切になります。

　18世紀を生きたドイツの偉大な哲学者イマヌエル・カントは「人は人によりてのみ人となり得べし。人より教育の結果を取り除けば無とならん。」と言ったといわれています。

　人として成長させるのは人が行う教育なのだとしたら，人とのつながり方を教え，人とつながることの心地よさをどの子どもにも経験できるようにする必要があります。そして，最終的には様々な人と自分でつながり生きていくことができなければ，「つながる力」が育ったとは言えないのではないでしょうか。

　本書は，3年生の子どもたちのつながる力を引き出すために，どのように学級経営をしていけばいいかを「具体的な実践」にこだわって記しました。学級経営において「つながり」をテーマにすると，子どもたち同士を「どのように関わらせるか」が中心に語られます。もちろん，「どのように関わらせるか」は重要なことであり，その部分が語られないものには意味を見出しにくいでしょう。

166

しかし，その実践がうまくいき目を輝かせて関わり合う子どもたちの姿がクローズアップされることで，教師の考えや行っていることは極端に見えなくなってしまいます。本書はそういった思いもあり，各時期で教師が子どもたちに何をしているのか分かるように書きました。

　また，5〜12月は，子どもたち同士が直接，つながる実践となっていますが，4月や1〜3月にある実践はつながることと関係ないように見えます。

　学級を経営していく上で，何を目指すのかという「目的」と，そのためにどのようなことを種まきするかという「準備」がとても大切であることを痛感しています。普段，ブラックボックスに隠され語られにくいその部分も丁寧に記すことで，「つながる力を引き出す」ことのお役に立てれば幸いです。そしてさらに「つながる力を引き出す」ことが議論され，よりよい実践が生み出されて欲しいと願っております。

　私が今日まで教師という職業を続けてこられたのも，子どもたちも含めつながってくださったたくさんの方々に支えて頂いたおかげです。何かとうまくできない自分を受け止め，それぞれのつながりの中で私に伝え，励ましてくださいました。ここに感謝の気持ちを表すとともに，私自身もつながるその人のために，そしてこれから出会いつながりをもつ方々のために貢献できる人であろうという決意をもって筆を置こうと思います。

　本書を書く機会をくださった赤坂真二先生に感謝を申し上げます。

　本シリーズの1〜6年の執筆者の皆様には，執筆した原稿を見ていただき，たくさんのアドバイス，励ましをいただきました。アドバイスや励ましがなければ最後まで書き上げることができなかったかなと思っています。

　また，編集の及川誠さん，校正の関沼幸枝さんに大変お世話になりました。合わせて感謝申し上げます。

松下　崇

【著者紹介】

赤坂　真二（あかさか　しんじ）

1965年新潟県生まれ。上越教育大学教職大学院教授。学校心理士。ガイダンスカウンセラー・スーパーバイザー。日本学級経営学会（JACM）共同代表理事。19年間の小学校勤務では，アドラー心理学的アプローチの学級経営に取り組み，子どものやる気と自信を高める学級づくりについて実証的な研究を進めてきた。2008年4月から，これから現場に立つ若手教師の育成，主に小中学校現職教師の再教育にかかわりながら，講演や執筆を行う。

［著書］

『個別最適な学び×協働的な学びを実現する学級経営』（明治図書，2022年）『指導力のある学級担任がやっているたったひとつのこと』（明治図書，2023年）　他多数

松下　　崇（まつした　たかし）

1979年横浜市生まれ。神奈川県公立小学校主幹教諭。日本学級経営学会（JACM）理事。教育サークル・はまの風所属。自身も悩み苦しむ若者の一人であったが，学級づくりを中心に学び続け，学校現場で日夜，全力投球中。

［著書］

『学級を最高のチームにする！365日の集団づくり　6年』（明治図書，2016年）『自治的集団づくり入門』（明治図書，2017年）　他多数

人間関係形成能力を育てる
学級経営365日ガイドブック　3年

2024年3月初版第1刷刊	©著者	赤　坂　真　二
		松　下　　　崇
	発行者	藤　原　光　政
	発行所	明治図書出版株式会社

http://www.meijitosho.co.jp
（企画）及川　誠（校正）関沼幸枝
〒114-0023　東京都北区滝野川7-46-1
振替00160-5-151318　電話03(5907)6703
ご注文窓口　電話03(5907)6668

＊検印省略　　　　組版所　長野印刷商工株式会社

本書の無断コピーは，著作権・出版権にふれます。ご注意ください。

Printed in Japan　　　　　ISBN978-4-18-372325-3

もれなくクーポンがもらえる！読者アンケートはこちらから
→